La culture des rosiers

La culture des rosiers

Guide pratique

4501, rue Drolet
Montréal (Québec)
H2T 2G2
Tél.: (514) 842-3481
Téléc.: (514) 842-4923
Courrier électronique francel@guerin-editeur.qc.ca
Site Internet http://www.guerin-editeur.qc.ca

Dépôt légal
ISBN 2-7601-5695-8
Bibliothèque nationale du Québec, 2000
Bibliothèque nationale du Canada, 2000
IMPRIMÉ AU CANADA

Nous reconnaissons l'aide financière du gouvernement du Canada par l'entremise du Programme d'Aide au Développement de l'Industrie de l'Édition (PADIÉ) pour nos activités d'édition.

Canada

Révision linguistique Brigitte Marier
Maquette de la couverture Guérin éditeur
Photo de la couverture La Roseraie du Témiscouata
Mise en pages, infographie Guérin éditeur
Photos et illustrations fournies par La Roseraie du Témiscouata

Distribution
A.D.G.
(Agence de distribution Guérin)
4501, rue Drolet
Montréal (Québec)
H2T 2G2
Tél.: (514) 842-3481
Téléc.: (514) 842-4923

Distribution en Europe
Librairie du Québec
30, rue Gay Lussac
75005 Paris
France
Tél.: 43544902
Téléc.: 43543915

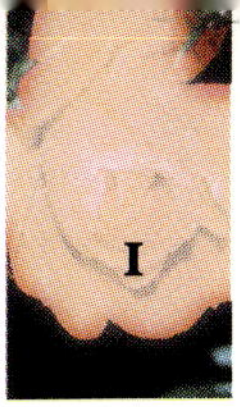

Préface

Cultiver des roses en zone nordique? Utopique? L'équipe de la *Roseraie du Témiscouata* a cru à la beauté de ce rêve et elle nous l'offre depuis le 12 juillet 1997. La réalisation de ce jardin audacieux, à Cabano, rend hommage aux obtenteurs d'hier et d'aujourd'hui dont l'esprit s'anime à l'idée de créer une rose qui ne ressemble à aucune autre. Il honore le travail de ceux et celles qui ont innové en sélectionnant de nouvelles roses somptueuses et rustiques, permettant la réalisation de jardins en climat froid.

Le but premier de cette roseraie est de faire connaître à un large public la culture des rosiers. Cette collection nous propose des rosiers arbustes anciens et modernes, des grimpants qui se côtoient et se surpassent en couleur et en parfum dans un aménagement de style classique. Ce jardin nous dévoile des variétés rustiques soigneusement sélectionnées et éprouvées sous le climat rigoureux du Témiscouata.

Motivés par l'amour des roses et animés par le désir de partager leur expertise, les pionniers de cette roseraie publient à présent un guide pratique traitant de la culture des rosiers. Cet ouvrage témoigne du sérieux et de la réflexion qui ont conduit à la réussite de leur projet. Ce recueil vous conseillera sur les soins à apporter à vos rosiers tout en respectant l'environnement, il sera l'ami fidèle sur lequel vous pourrez toujours compter au fil des saisons.

Claire Laberge
Horticultrice
Roseraie du Jardin botanique de Montréal

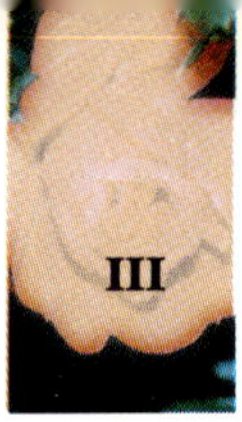

Table des *matières*

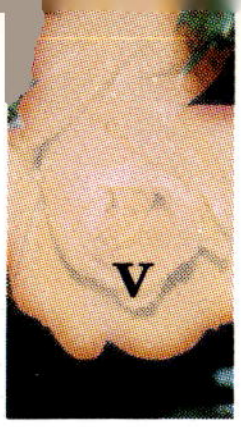

Introduction

La *Roseraie du Témiscouata* est heureuse de vous présenter ce guide pratique sur la culture des roses.

Nous espérons ainsi répondre aux nombreux visiteurs qui, chaque été, posent beaucoup de questions à nos jardiniers.

Nos remerciements particuliers vont à notre horticulteur, monsieur André Imbeault, qui a dirigé la recherche et la rédaction. Nous tenons à souligner sa patience et son dévouement.

Merci à Ressources humaines Canada pour sa participation financière à la rédaction de cet ouvrage et à nos collaborateurs et collaboratrices: Lorraine Paradis et Lise St-Pierre à la rédaction, Paul Livernois aux illustrations et Rock Belzile pour les photos.

En toute simplicité, nous avons cherché à aider ceux et celles qui aiment la beauté et le parfum de cette fleur exceptionnelle. Nous leur souhaitons du succès et beaucoup de plaisir dans leurs travaux de jardinage.

La direction

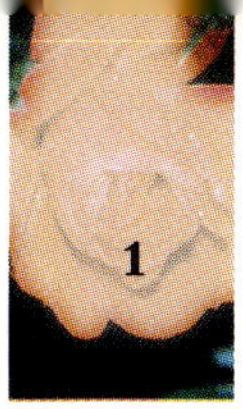

Le choix des *rosiers*

Bien vous conseiller s'avère plutôt difficile, le choix d'un rosier demeurant une question de goût personnel. Une personne peut aimer certaines couleurs, une autre, de grandes fleurs bien pleines. Une autre encore peut préférer de petites fleurs poussant au hasard ou refuser toute rose qui n'ait pas un parfum puissant.

Les revues horticoles et les traités botaniques peuvent vous être d'une grande utilité; vous y trouverez une sélection de rosiers répondant à vos besoins spécifiques et une évaluation sommaire des principales espèces. Les descriptions sont plus complètes, les illustrations plus abondantes et l'information plus précise que dans les catalogues. Il faut prendre en considération la provenance de ces revues et de ces volumes, car certaines variétés ont parfois des noms différents d'un pays à l'autre. Un catalogue ne peut, à lui seul, vous permettre de choisir une variété plutôt qu'une autre; souvent, les rosiers décrits proviennent de régions différentes de la vôtre. Chez vous, la croissance et la floraison du rosier risquent de différer et de vous décevoir.

Pour minimiser les problèmes, il faut éviter les rosiers réputés difficiles. Considérés rustiques dans une zone donnée, certains d'entre eux subissent des dégâts, même minimes, tous les ans. Ils sont généralement identifiés dans les livres et catalogues sous l'expression: «à planter en situation protégée». Pour ceux et celles qui ne veulent pas se compliquer la vie, il faut éviter ces rosiers.

Certains groupes de rosiers s'entretiennent plus facilement que d'autres. C'est le cas des rosiers arbustifs anciens et modernes. Cependant, peu importe le choix du rosier, il ne faut pas oublier qu'il est nécessaire de donner un minimum de soins pour obtenir des résultats satisfaisants.

La meilleure façon de savoir quels sont les rosiers que vous pourriez cultiver consiste à visiter les roseraies de jardins botaniques et publics. De juin à septembre, des milliers de rosiers bien adaptés à votre région y fleurissent. Vous pouvez les voir, les sentir et vous informer sur leur rusticité et leur résistance aux maladies et aux insectes. De cette manière, vous aurez la certitude que les rosiers que vous choisirez pousseront et fleuriront bien dans votre région.

Donc, que ce soit pour faire des bouquets, profiter des parfums, constituer des haies ou pour toute autre utilisation, il faut prendre le temps de bien planifier ses choix (annexe I). Qu'elles soient plantées en isolé ou en massif, les roses seront toujours les reines de votre jardin.

L'anatomie du *rosier*

Fleurs

Elles sont solitaires ou groupées. Selon le nombre de pétales, elles peuvent être:

simples: 5 pétales
semi-doubles: moins de 25 pétales
doubles: de 25 à 40 pétales
très doubles: 40 pétales et plus (fig. 1).

Sortes de fleurs

Fig. 1

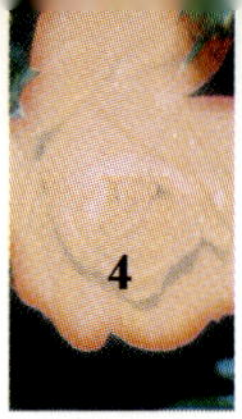

Fruits (Baies)

Ce sont les baies qui portent le nom de «cynorhodon» et contiennent les graines. Selon les espèces, ils ont différentes formes et leurs couleurs, à maturité, vont du rouge orangé au pourpre noir. Décoratifs, ils servent également à la préparation de tisanes, gelées et confitures très riches en vitamine C (annexe II).

Feuilles

Elles sont composées d'un nombre impair de folioles variant de 3 à 15 selon l'espèce:

hybride de Thé: 5 folioles
floribunda: 5 à 7 folioles
arbuste: 7 à 15 folioles

Leurs couleurs vont du vert pâle au vert foncé. Leurs textures peuvent être lisses, épaisses ou rugueuses et leurs formes, lancéolées, oblongues ou ovales. Elles tombent à l'automne.

Bourgeons

Leur visibilité varie selon les époques de l'année. Ils se situent à la base des feuilles et on les appelle aussi «yeux». De ces bourgeons partent les nouvelles tiges florifères. Au printemps, ils facilitent l'opération de la taille lorsqu'ils commencent à gonfler

Tiges

La plupart du temps garnies d'aiguillons, les tiges de certaines espèces et de leurs hybrides sont peu ou pas du tout épineuses; on parlera alors de tiges inermes, sans aiguillons. De couleur verte, brunâtre ou rougeâtre lorsqu'elles sont jeunes; avec les années, elles deviennent brun grisâtre en se lignifiant.

Épines

Voilà le terme admis aujourd'hui pour désigner ces excroissances piquantes qu'on retrouve sur certains arbustes comme les rosiers. Mais, le vrai terme devrait être «aiguillon» puisqu'on ne peut détacher une épine sans briser l'écorce, alors que les aiguillons se détachent facilement sans briser celle-ci. Adoptant différentes formes, droites, crochues, ailées, les aiguillons peuvent aussi être courts, ronds, transparents.

Anatomie du rosier

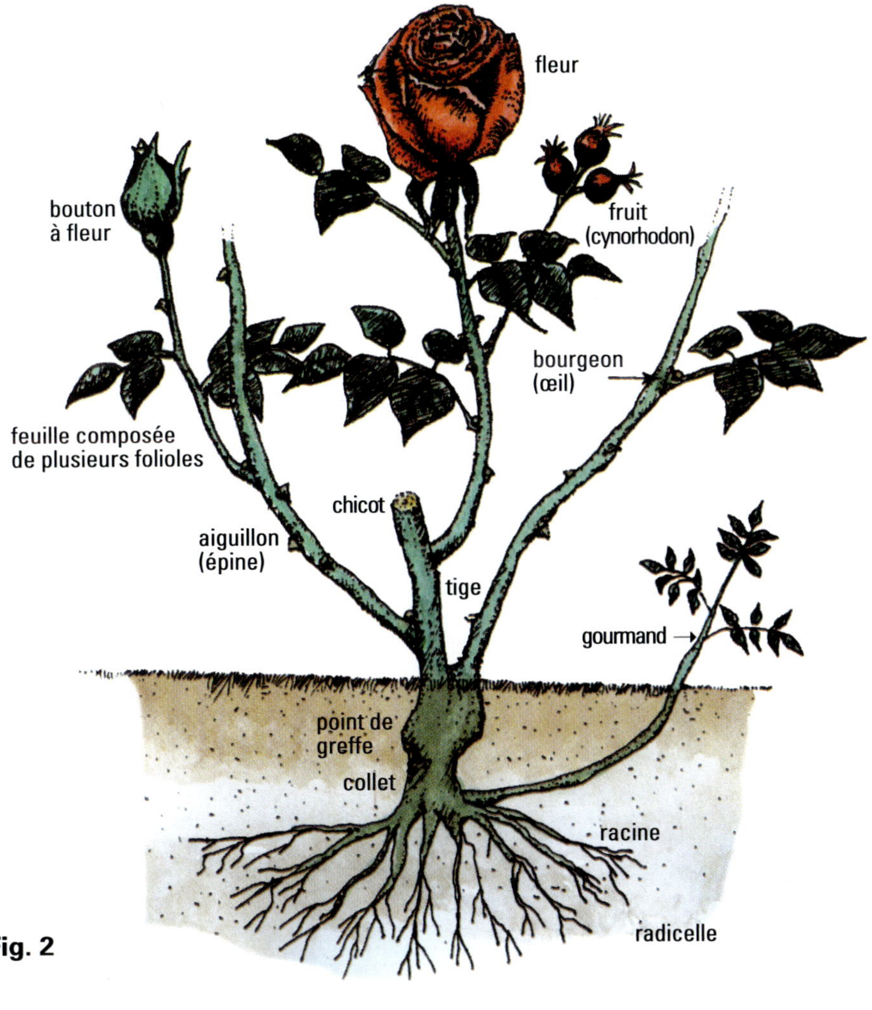

Fig. 2

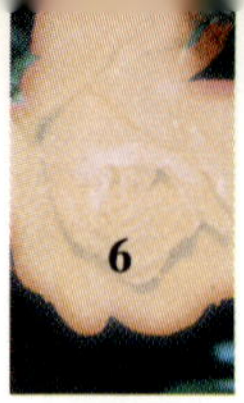

Chicot

Il s'agit d'un petit bout de bois mort qui dépasse au-dessus d'une branche. Souvent le résultat d'une mauvaise coupe ou d'une taille trop longue, il constitue une porte d'entrée pour les maladies et une bonne cachette pour les insectes nuisibles.

Point de greffe

C'est l'endroit où l'on a implanté le greffon de la variété de rosiers que vous voyez fleurir; il se situe au-dessus du niveau du collet, celui-ci étant la ligne de séparation des tiges et des racines.

Racines

Support de la plante, elles s'enfoncent assez profondément dans le sol. Elles forment de nombreuses radicelles appelées le «chevelu»; les racines puisent les éléments nutritifs et l'eau nécessaires à la floraison.

Gourmand

Il s'agit généralement d'une pousse vigoureuse qui prend naissance sous le point de greffe. Son feuillage diffère énormément de celui du rosier greffé. Le gourmand, comme son nom l'indique, prend souvent la place du greffon, si on ne l'élimine pas rapidement.

La *rusticité*

Quelle est votre zone de rusticité? Pour beaucoup d'entre vous, cette notion est encore mystérieuse. Voici quelques réponses. La rusticité d'une plante, c'est sa capacité de supporter les conditions climatiques hivernales (froid, vent, verglas, etc.) de la région où elle est cultivée. Pour survivre dans une région donnée, un arbre ou un arbuste comme un rosier doit être vigoureux, mais surtout il doit atteindre un degré de résistance au froid, c'est-à-dire s'endurcir.

Comme les conditions climatiques varient d'une région à l'autre, les spécialistes ont défini des zones de rusticité pour les plantes ornementales. Les plantes sont donc identifiées à une zone correspondant plus ou moins à leur capacité d'endurcissement. Pour exercer un choix judicieux, vous devez connaître ces zones auxquelles les différentes publications et les conseillers font référence.

Le zonage canadien

Au Canada, dans les années soixante, deux chercheurs d'Agriculture Canada, MM. Ouellet et Sherk ont déterminé des zones de rusticité. Pour ce faire, ils se sont basés sur les critères suivants:

- la température minimale moyenne du mois de janvier (généralement le mois le plus froid de l'année);
- la durée de la période sans gel;
- l'épaisseur de la couverture de neige;
- la vélocité des vents.

Ce zonage, plus précis que le zonage américain, divise le Canada en 9 zones. Le Québec, quant à lui, se subdivise en 5 zones et 5 sous-zones: la zone 5b, celle de l'île de Montréal étant la plus chaude, et la zone 1a, à l'extrême nord de la province, étant la plus froide. Les sous-zones nous indiquent que la rusticité d'une plante se rapproche plus d'une zone supérieure ou inférieure. Exemple: une plante zonée 3b est moins rustique qu'une autre classée 3a, la zone 3a étant plus près de la zone 2 et la zone 3b plus près de la zone 4 (Fig. 3).

Le zonage américain

Établies par le ministère de l'Agriculture des États-Unis (USDA), les zones de rusticité sont associées aux températures annuelles minimales moyennes. Dix zones, définies par un intervalle de 5,5 °C, ont été déterminées pour l'Amérique du Nord. Chacune des zones a été subdivisée en deux sous-zones représentant des intervalles de 2,8 °C. Attention! ces zones ne correspondent pas tout à fait à celles qui prévalent au Canada. Par exemple, si on consulte des catalogues ou des ouvrages américains, une zone 5 équivaudra à une zone 6 au Canada.

Pas aussi simple qu'il n'y paraît

À première vue, le système des zones de rusticité est bien simple. On choisit une plante qui est rustique dans la zone où on habite et le tour est joué... Cela serait trop facile! En fait, à l'intérieur d'une même zone de rusticité, les conditions peuvent être plus ou moins favorables. C'est pourquoi il arrive qu'une plante rustique en zone 3 et plantée dans cette zone ne résiste pas à l'hiver. Cela est dû au fait que plusieurs conditions climatiques influencent la rusticité.

Les conditions climatiques qui influencent la rusticité

Les températures minimales et maximales, l'humidité, le type de sol, les précipitations, le vent, etc., ont un effet positif ou négatif sur la rusticité. Avant d'installer une plante à tel ou tel endroit, il faut connaître ces conditions, établir comment elles se manifestent sur le terrain et tenter de trouver des solutions pour en minimiser l'effet, le cas échéant.

Zones de rusticité pour l'Est du Québec et le Nouveau-Brunswick

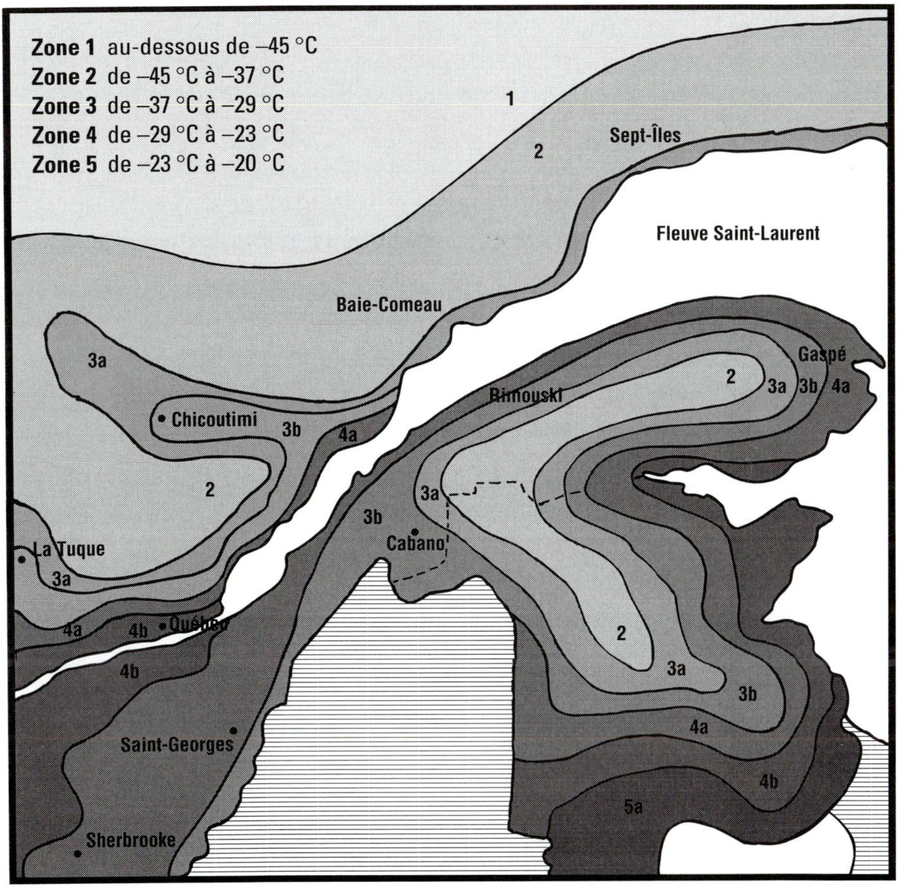

Fig. 3

On peut diminuer les effets négatifs en utilisant des plantes très rustiques. Par exemple, si on habite en zone 4, on choisit des plantes de zone 3 et même de zone 2. Les vents violents refroidissent considérablement les parties des plantes qu'ils frappent et peuvent abaisser la températureau-dessous de la limite d'endurcissement. Pour éviter trop de dommages, on peut planter un brise-vent ou une haie.

Lorsque le sol est en pente, le froid se concentre plus facilement vers le bas. Les températures les plus froides sont généralement observées dans les bas de pente, les replis de terrain, les baissières et les dépressions. Il faut donc y installer des plantes d'une bonne rusticité pour la région.

En hiver, quand l'intensité du froid dépasse la limite d'endurcissement d'une plante, celle-ci meurt. La durée du froid joue un rôle important. Par exemple, lorsque le froid descend à –35 °C pendant quelques heures, les plantes vont résister sans trop de dommages. Si ce froid persiste pendant plusieurs jours, les dommages seront considérables et même fatals pour les plantes qui ne sont pas suffisamment rustiques.

La neige étant le meilleur isolant, il faut chercher à l'accumuler le plus possible dans le jardin. Elle garde la température constante au niveau du sol et empêche le gel d'y pénétrer profondément. Une couverture de neige de 20 à 30 cm assure une protection efficace des racines, surtout lors des grands froids de janvier et février et jusqu'à ce que les risques de gel soient passés.

Le processus d'endurcissement au froid

Ce processus est en fait le passage d'un état sensible à un état tolérant au gel. Pour la plupart des plantes, l'endurcissement commence au mois d'août lorsque le nombre d'heures d'ensoleillement par jour diminue. Au début, le niveau de tolérance au froid est encore faible et si, par exemple, les plantes sont brusquement exposées à des températures situées entre 5 °C et –3 °C, des dommages peuvent survenir. Au cours de l'automne, avec la baisse des températures autour du point de congélation (0 °C), l'endurcissement s'acquiert progressivement et lorsque les premières gelées surviennent (entre –1 et –4 °C), les plantes deviennent de plus en plus résistantes. C'est à ce moment-là que l'on observe le changement de couleur et la perte des feuilles chez les feuillus. Par la suite, une exposition prolongée à des températures sous le point de congélation permet aux plantes d'atteindre leur niveau maximal d'endurcissement et de résistance au froid. La plante peut demeurer dans cet état tout au long de l'hiver; cependant, au cours de cette période, la

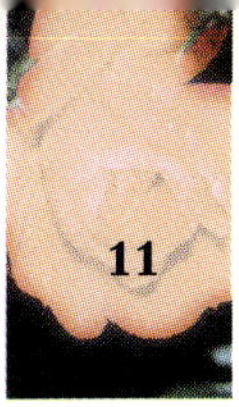

résistance acquise peut être perdue à la suite d'une élévation trop prolongée de la température au-dessus de 0 °C. Il s'ensuit alors un «désendurcissement» qui peut rendre la plante extrêmement vulnérable s'il survenait à nouveau des froids intenses.

Originaires d'autres climats, certains rosiers ne sont pas suffisamment endurcis lorsque surviennent les premiers gels. Les hybrides de Thé, par exemple, ont un endurcissement limité en demeurant en croissance trop longtemps à l'automne pour s'endurcir adéquatement. Ils peuvent supporter quelques degrés sous le point de congélation (jusqu'à –10 °C) pendant quelques jours, mais guère plus.

La capacité d'endurcissement d'une plante est aussi fonction de son stade de développement. Des plants jeunes ou des plants matures réagissent différemment; plus un rosier est jeune, plus il est vulnérable.

Habituellement, c'est la pousse annuelle qui est affectée en premier par les gels.

Enfin, lorsqu'ils surviennent en mai et en juin, les gels peuvent affecter sérieusement les bourgeons, les jeunes pousses et les fleurs. Au Québec, selon les spécialistes, le gel printanier cause les plus grands dommages aux tiges des arbres, des arbustes, et des rosiers.

Les pratiques culturales qui influencent l'endurcissement

Beaucoup de dégâts hivernaux peuvent être évités si, au cours de l'été et de l'automne, on pratique de bonnes méthodes culturales. Le maintien des plantes en bonne santé est le facteur le plus favorable à l'endurcissement, car les plantes faibles ou malades résistent moins bien aux méfaits du gel.

La fertilisation

Bien des jardiniers et des jardinières ont tendance à trop fertiliser. Il en résulte, la plupart du temps, que la pousse «gagnée» à l'automne se voit détruite par le gel. Dans les faits, un engrais trop azoté appliqué tard en été risque de stimuler la croissance, retarder l'endurcissement ou causer un endurcissement inadéquat. Il est donc préférable d'arrêter de fertiliser complètement vers la mi-juillet.

La taille

Une taille effectuée à la fin de l'été peut stimuler une croissance tardive. L'endurcissement peut alors être retardé, les nouvelles pousses n'ayant pas le temps de s'endurcir adéquatement avant les premières gelées. Elles meurent donc à coup sûr. Par conséquent, dès les premiers signes d'aoûtement, au début d'août dans la majorité des régions, on évite de tailler et même de pincer les pousses.

L'arrosage

À l'automne, des arrosages trop abondants risquent de stimuler une croissance tardive qui retarde l'endurcissement. L'excès d'eau dans le sol affaiblit les racines et favorise la pénétration du gel en profondeur, ce qui peut endommager les plantes. Par contre, les plantes peuvent tout aussi bien être affectées par le manque d'eau, les racines montrant plus de dommages dans un sol sec que dans un sol humide, sans excès. Pour éviter les problèmes, il faut donc, à l'automne conserver dans le sol le même niveau d'humidité que l'on y a maintenu au cours de l'été. Malgré la perception courante, l'automne peut être une saison sèche.

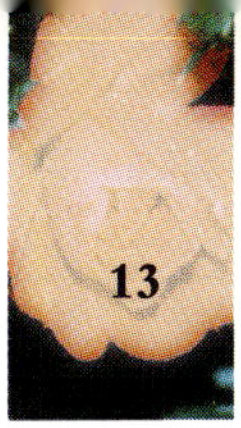

La *classification*

Selon l'origine

Les rosiers font partie des rosacées qui comptent environ 100 genres et au moins 2 000 espèces. Cette famille fournit beaucoup de fruits comestibles: pommes, poires, prunes, cerises, fraises, framboises.

Pour le genre Rosa, les botanistes reconnaissent environ 250 espèces distinctes de rosiers qui poussent dans la nature; ce sont les rosiers sauvages.

De plus, ces espèces ont produit elles-mêmes, au fil des siècles, de nouveaux rosiers soit par hybridation naturelle (croisement entre deux espèces), soit par mutation (une pousse anormale ou «sport», différente de la plante mère: par exemple, une fleur double apparaissant sur un rosier à fleurs simples).

Et voilà que l'être humain s'en mêle! Il récupère les mutations et les multiplie par bouturage ou greffage, il regroupe plusieurs espèces différentes dans des espaces restreints pour favoriser les croisements naturels et obtient ainsi de nouveaux rosiers grâce au semis. Puis, l'idée lui vient de faire comme les insectes, il devient pollinisateur. C'est ainsi que depuis la fin du XVIIIe siècle, l'hybridation des rosiers n'a cessé de prendre de l'ampleur, produisant de plus en plus de nouvelles variétés et cultivars à travers le monde, rendant ainsi la classification encore plus difficile.

Pour nous y retrouver, disons d'abord que tous les rosiers portent un nom: Robusta, Celsiana ou Henry Hudson par exemple. Parfois, une rose possède plusieurs noms: ainsi, Rosa gallica est connue aussi sous les noms de rose gallique, rose de Provins, rose des Apothicaires et rose de France. Lorsqu'on achète un rosier, il est important de garder le nom en mémoire, car il nous renseigne sur ses origines, ses caractéristiques et ses

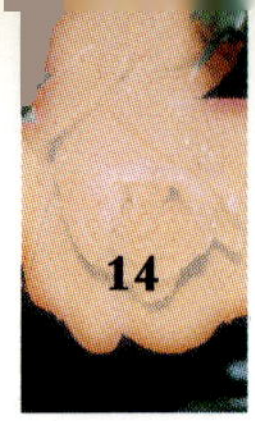

besoins. Il nous sera utile pour obtenir des renseignements auprès des spécialistes ou pour faire nos propres recherches.

Pour classer les rosiers selon l'origine, on peut les diviser en deux groupes principaux: les anciens et les modernes.

Rosiers anciens (avant 1867)*

- **Rosiers botaniques**
- **Rosiers anciens proprement dits**
  - gallique ou de Provins
  - Damas
  - Alba
  - centfeuilles
  - mousseux
  - de Portland
  - de Chine
  - Thé
  - Bourbon
  - Noisette
  - hybride remontant

Rosiers modernes (après 1867)

- **Les plus populaires**
  - hybride de Thé
  - polyantha
  - floribunda
  - grandiflora
  - miniature
- **Séries modernes**
  - série Explorateur
  - série Parkland
  - série Pavement
  - série Meidiland
- **Groupes particuliers**
  - rosiers de David Austin
  - rosiers du Dr Buck
  - rosiers du Dr Brownell
  - rosiers de Kordes
  - hybrides modernes de rosiers botaniques

* 1867 marque l'année d'introduction du premier hybride de Thé. *La France* obtenu par M. J. B. Guillot, rosiériste français.

Les rosiers anciens

LES ROSIERS BOTANIQUES

Tous les rosiers anciens et modernes ont pour origine les rosiers botaniques. Les botanistes classent ces rosiers en sections ou groupes (Synstylea, Gallicanea, Spinosissimea, etc.) mais restons simples...

Ces espèces sauvages poussent et se répandent sans l'intervention de l'homme dans tout l'hémisphère Nord, en Chine, en Europe, en Russie, en Amérique du Nord et en Afrique du Nord. Au Québec, selon le frère Marie-Victorin, on peut rencontrer les espèces suivantes: Rosa eglanteria, Rosa blanda, Rosa johannensis, Rosa acicularis, Rosa nitida, Rosa cinnamomea et Rosa palustris. Compte tenu de leurs nombreuses qualités: rusticité, résistance aux maladies et insectes, fleurs simples aux couleurs vives, souvent très parfumées, facilité d'adaptation, entretien minimum, fructification, etc., les rosiers botaniques sont de plus en plus utilisés en aménagement paysager.

Les cynorhodons de nombreuses roses sauvages ne sont pas seulement décoratifs. Ils contiennent beaucoup de vitamine C et de pulpe, ce qui leur confère une grande importance aux plans culinaire et médicinal (annexe II). Rosa acicularis, Rosa blanda, Rosa pendulina et Rosa rugosa se classent parmi les rosiers riches en vitamine C.

LES ROSIERS ANCIENS PROPREMENT DITS

Mutations ou hybrides de rosiers botaniques, ils sont aussi les parents de nombreux hybrides modernes. En 1966, l'American Rose Society établit qu'un «rosier est dit ancien s'il appartient à un groupe qui existait avant 1867». Qui n'a pas déjà senti l'exquis parfum de ces roses blanches ou blanc rosé, dans le jardin de ses grands-parents ou chez des amis qui disaient ne pas savoir d'où venaient ces rosiers? N'oublions pas que nos ancêtres venus d'Europe avaient dans leurs bagages des plantes potagères et médicinales d'usage courant à cette époque où les rosiers anciens occupaient une place importante.

Les rosiers anciens font présentement un retour en force sur les marchés, et avec raison. La plupart de ces rosiers robustes ne demandent

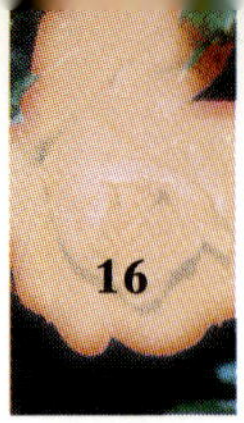

pas beaucoup d'entretien. La redécouverte des vertus premières de la rose, sa générosité, sa simplicité et surtout son parfum explique en partie cette nouvelle passion. Généralement les rosiers anciens ne fleurissent qu'une fois, mais pendant au moins trois semaines leur parfum embaume les jardins. Et pourquoi demanderait-on aux rosiers de fleurir constamment, alors qu'on ne l'exige pas des pivoines, des lilas ou des iris?

Pour la plupart rustiques en zone 3, ils s'associent à merveille dans les plates-bandes avec les vivaces, les annuelles ou d'autres rosiers. On retrouve également parmi ces variétés anciennes, des grimpants qui peuvent atteindre 3 m et plus de hauteur, mais qui doivent être protégés pendant l'hiver. Voici donc la liste des différents types de rosiers anciens, leur origine et une courte description.

LES ROSIERS GALLIQUES OU DE PROVINS

Ils descendent tous de l'espèce sauvage Rosa gallica. C'est le plus vaste groupe de rosiers anciens et la plus ancienne catégorie de roses.

Caractéristiques	zone 3 et +, non remontants, compacts.
Tiges	peu épineuses et droites.
Fleurs	solitaires, simples ou doubles, unies ou panachées, roses, rouges, blanches et mauves, parfumées.
Hauteur	de 0,60 à 1,20 m.
Utilisation	en haie.

LES ROSIERS DE DAMAS

Ils proviennent du croisement entre Rosa gallica et Rosa phœnicia pour les variétés non remontantes et un croisement entre Rosa gallica et Rosa moschata pour les remontantes. Ils étaient cultivés dans les monastères au Moyen Âge pour la préparation d'huile médicinale.

Caractéristiques	zone 3 et +, à port étalé.
Tiges	grêles et épineuses.
Fleurs	très parfumées, blanches, roses ou rouges, semi-doubles ou doubles, en bouquets.
Hauteur	0,90 à 2 m.
Utilisation	en isolé, en massif.

LES ROSIERS ALBA

Ce groupe de rosiers anciens serait constitué d'hybrides naturels de Rosa gallica et Rosa canina. Ils forment de grands buissons au feuillage vert-bleu poudreux.

Caractéristiques zone 3 et +, vigoureux, à port droit, rustiques, résistant bien aux maladies, non remontants.
Tiges peu épineuses.
Fleurs très abondantes, de blanches à roses, délicatement parfumées.
Hauteur 1 à 2,5 m.
Utilisation en massif, en isolé, en haie.

LES ROSIERS CENTFEUILLES

Les rosiers de ce groupe portent également les noms de «roses de Provence» et de «roses choux», leurs pétales très nombreux se chevauchant à la façon d'un cœur de chou. Ils sont issus du Rosa x centifolia, qui est un croisement complexe entre Rosa gallica, Rosa phœnicia, Rosa moschata et Rosa canina.

Caractéristiques zone 3 et +, à port élancé, très robustes.
Tiges recourbées.
Fleurs rouges, roses ou blanches, très parfumées, parmi les plus doubles qui existent.
Hauteur de 0,60 à 1,8 m.
Utilisation en massif, en isolé.

LES ROSIERS MOUSSUS OU MOUSSEUX

Une mutation apparue au XVIIe siècle sur Rosa x centifolia donna le rosier à l'origine de ce groupe: Rosa x centifolia «Muscosa». Les rosiers mousseux se distinguent des rosiers centfeuilles par leur tissu glandulaire vert, brun ou rougeâtre et semblable à de la mousse. Cette mousse, à odeur de résine, recouvre la partie florale des rosiers.

Caractéristiques zone 3 et +, non remontants pour la plupart.
Tiges recouvertes d'un duvet dru, longues épines.
Fleurs parfumées, solitaires ou en groupe de deux ou de trois, doubles ou semi-doubles, blanc rosé, roses, pourpres, boutons et sépales recouverts de tissu mousseux.
Hauteur 0,60 à 1,50 m.
Utilisation en haie, en massif.

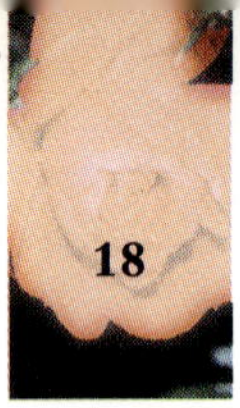

LES ROSIERS DE PORTLAND

Connus depuis 1792, les rosiers de Portland sont appréciés pour leur floraison tardive et leur teinte rouge sombre. Ces rosiers doivent leur nom à Margaret Cavendish Bentinck, deuxième duchesse de Portland. Ils sont le résultat d'une hybridation entre un rosier de Damas remontant et Rosa gallica Officinalis.

Caractéristiques	zone 3 et +, remontants.
Tiges	dressées au feuillage dense.
Fleurs	doubles, roses, lilas, rouges, violettes.
Hauteur	0,60 à 0,90 m.
Utilisation	en massif.

LES ROSIERS DE CHINE

Cultivés et sélectionnés à grande échelle en Chine depuis longtemps, ces rosiers ne furent introduits en Europe qu'en 1792 sous la forme de rosiers nains remontants. Certains résultent d'une mutation du rosier grimpant Rosa chinensis et d'autres proviennent peut-être d'un croisement avec Rosa x odorata, le rosier Thé.

Caractéristiques	zone 5 et +, compacts, remontants.
Tiges	dressées pour les arbustes, sarmenteuses pour les grimpants.
Fleurs	simples ou doubles, blanches, roses, rouges, parfumées.
Hauteur	1 à 6 m.
Utilisation	en massif, grimpant.

LES ROSIERS THÉ

Le rosier Thé, Rosa x odorata, est un hybride entre Rosa gigantea et Rosa chinensis, obtenu en Chine il y a fort longtemps. On en cultivait de nombreuses variétés aujourd'hui disparues. Les croisements de leur progéniture avec des hybrides remontants sont devenus les hybrides de Thé, si populaires de nos jours.

Caractéristiques	zone 5 et +, remontants.
Tiges	minces.
Fleurs	doubles, boutons floraux allongés, toutes les couleurs.
Hauteur	1,2 à 1,8 m.
Utilisation:	en massif.

LES ROSIERS BOURBON

En 1771, à partir de l'île Bourbon, aujourd'hui l'île de la Réunion, le botaniste français Bréon expédia à Paris des graines d'un rosier différent qui poussait dans des haies mixtes de Rosa chinensis et Rosa damascena Semperflorens. On obtint ainsi le premier rosier Bourbon.

Caractéristiques zone 3 et +, port assez étalé, très remontants; quelques variétés sont de vigoureux grimpants.
Tiges grandes épines souvent recourbées, feuillage cuivré.
Fleurs très parfumées, de dimension variable, semi-doubles ou doubles, en bouquets, blanches, roses, rouges.
Hauteur 1,5 à 1,8 m.
Utilisation en massif, palissés le long d'une clôture ou d'un mur.

LES ROSIERS NOISETTE

Ce sont des hybrides dont l'origine remonte aux alentours de 1802. Champneys, un Américain de la Caroline du Sud, obtint un rosier d'un croisement entre un rosier de Chine et Rosa moschata. C'est à partir de divers semis de ce rosier que Philippe Noisette de Charleston créa les premiers vrais rosiers Noisette.

Caractéristiques zone 5 et +, remontants, grimpants le plus souvent, nombreuses teintes de jaune.
Fleurs parfumées, en bouquets, semi-doubles ou doubles, blanches, roses ou jaunes.
Hauteur 3 à 4,5 m.
Utilisation: palissage de mur ou clôture.

LES HYBRIDES REMONTANTS

Ancêtre glorieux des hybrides de Thé modernes, ce type de rosiers fut très populaire à la fin du XIXe siècle comme en témoignent les catalogues de l'époque qui en proposent plus de 3 000 variétés. De ce nombre, à peine une centaine sont encore disponibles aujourd'hui. À l'époque où ils furent créés, vers 1835, ils fleurissaient beaucoup plus que toute autre catégorie de rosiers existant, d'où le terme remontant. Leur ancêtre était un hybride de rosiers de Portland et de Chine, croisé à la fois avec des hybrides de rosiers galliques, de Chine et Bourbon. D'une grande beauté, les variétés que l'on cultive aujourd'hui s'avèrent plus robustes et elles résistent mieux aux maladies que celles d'autrefois.

Caractéristiques zone 3 et +, arbustes vigoureux, à port dressé.
Fleurs grandes, doubles et pleines, parfumées, de couleur variant du blanc au marron foncé, solitaires ou réunies en petits bouquets.
Hauteur de 1,2 à 1,5 m, parfois plus.
Utilisation en isolé, en massif.

Comme on peut le constater, ce n'est pas le choix qui manque parmi les variétés anciennes. En zone 3, huit des onze groupes de rosiers anciens peuvent être cultivés sans trop de problèmes. Alors pourquoi se priver de leur robustesse et surtout de leur parfum?

Les rosiers modernes

Les rosiers modernes étant tous issus de longues séries de croisements et de sélections entre rosiers anciens et espèces naturelles, et leur progéniture ayant été hybridée à son tour, il serait presque impossible de dire à quelle catégorie beaucoup d'entre eux appartiennent.

Les plus populaires

LES HYBRIDES DE THÉ

Certainement les plus populaires, ces rosiers proviennent du croisement entre les hybrides remontants, appréciés pour leur floraison quasi continuelle et leurs grosses fleurs, et les rosiers Thé (Rosa x odorata et hybrides) dont les fleurs ont un parfum subtil. Couramment cultivés aujourd'hui, ces rosiers sont excellents pour le jardin et pour la fleur coupée.

Caractéristiques zone 5 et +, remontants.
Tiges fortes, peu ou très épineuses.
Fleurs généralement doubles, toutes les couleurs imaginables.
Hauteur de 0,60 à 1,20 m.
Utilisation en massif, en plate-bande, fleurs coupées.

LES POLYANTHA

Ils proviennent du croisement entre les hybrides de Chine nains et le rosier multiflore (Rosa multiflora). Ce sont des rosiers bas, très robustes qui donnent de façon continue de gros bouquets de petites fleurs. Le mot grec *polyantha* signifie «fleurs nombreuses». Les fleurs apparaissent autant sur les vieilles pousses que sur les nouvelles.

Caractéristiques zone 4 et +, à port nain, remontants, robustes.
Tiges élancées.
Fleurs petites, en gros bouquets, simples, semi-doubles ou doubles, blanches, roses ou rouges.
Hauteur 50 à 60 cm.
Utilisation en massif, en haie basse.

LES FLORIBUNDA

Les floribunda sont des rosiers à fleurs groupées, issus du croisement entre les polyantha et les premiers hybrides de Thé. C'est en 1924 que l'hybrideur danois Svend Poulsen obtint les premiers rosiers de ce type, soit le Else Poulsen à fleurs roses et le Kirsten Poulsen à fleurs rouges.

Caractéristiques zone 5 et +, floraison continuelle, plus robustes et d'une meilleure résistance aux maladies que les hybrides de Thé.
Tiges Plus ou moins épineuses, plus ramifiées que celles des hybrides de Thé.
Fleurs simples, semi-doubles ou doubles, groupées en bouquets, de taille moyenne sur de longues tiges; toutes les teintes.
Hauteur de 0,50 à 1,20 m.
Utilisation en massif, en plate-bande; en isolé ou en petite haie.

LES GRANDIFLORA

Le croisement entre les floribunda et les hybrides de Thé a donné des rosiers très florifères dont les fleurs ressemblent à celles des hybrides de Thé, isolées ou en bouquets comme celles des floribunda.

Cette catégorie de roses apparut avec la création du rosier Queen Elizabeth, mis sur le marché en 1954.

Caractéristiques zone 5 et +, remontants, possédant les qualités des deux parents.
Fleurs les dimensions sont un compromis entre les deux parents, toutes les couleurs, doubles, solitaires ou en bouquets.
Tiges plus ou moins épineuses, moyennement ramifiées.
Hauteur 0,60 à 1,20 m.
Utilisation en massif, en plate-bande, en bordure, en haie, fleurs coupées.

LA CLASSIFICATION DES ROSIERS MINIATURES

De plus en plus populaires, leur origine reste incertaine. Certains auteurs l'attribuent à Rosa chinensis Minima tandis que d'autres à Rosa chinensis Roulettii. Le Dr Roulet aurait découvert ce dernier en 1918, dans un village des Alpes, où on le cultivait en pot depuis plus de cent ans. Vers 1930, le Hollandais Jan de Vink et l'Espagnol Pedro Dot croisèrent le rosier Roulettii avec des rosiers modernes d'où seraient issus tous les rosiers miniatures modernes.

Caractéristiques zone 4 et +, à port compact, assez robustes, remontants.
Tiges peu épineuses.
Fleurs doubles ou semi-doubles, groupées en petits bouquets; toutes les couleurs.
Hauteur de 10 à 40 cm.
Utilisation en bordure, en plate-bande, dans les rocailles, grimpants, rosiers sur tige.

Ces cinq lignées modernes occupent de nombreuses pages de catalogues et une place privilégiée dans les magasins spécialisés ou non. Mais même avec une bonne protection hivernale et une couverture de neige abondante, il n'en reste pas moins que les hybrides de Thé, les grandiflora, les floribunda et les rosiers miniatures doivent souvent être remplacés. C'est pourquoi plusieurs personnes se découragent et abandonnent la culture des rosiers, la jugeant trop compliquée et trop onéreuse...

Les séries modernes

Heureusement, de nouvelles séries de rosiers modernes se taillent actuellement une bonne place dans les jardins d'amateurs de roses. Ils sont florifères, parfumés, faciles d'entretien et ne demandent pas de protection hivernale en zone 3.

SÉRIES EXPLORATEUR ET PARKLAND

Ces rosiers ont été développés par Agriculture et Agroalimentaire Canada au Québec, en Ontario et au Manitoba. Ils tolèrent des températures inférieures à –35 °C avec, comme seule protection, la neige. Rustiques en zones 2 et 3, arbustifs, grimpants ou rampants, ils résistent aux maladies et ils fleurissent sur de longues périodes.

La série **Explorateur** compte 24 cultivars offerts dans le commerce et facilement identifiables puisqu'ils portent tous un nom d'explorateur canadien, comme par exemple: John Cabot, Henry Hudson ou Champlain.

La série des rosiers **Parkland** regroupe 14 cultivars obtenus à Morden au nord du Manitoba. Ces rosiers peuvent demander une taille plus sévère au printemps mais la vigoureuse repousse produira quand même une abondance de fleurs pendant l'été. L'un des plus florifères, le Morden Blush, rustique en zone 2, change de couleur selon la température.

SÉRIE PAVEMENT

Elle nous vient d'Allemagne et regroupe une douzaine de rosiers rustiques en zone 2. Notons entre autres: Snow Pavement, Pierrette Pavement, Scarlet Pavement. Très rustiques et très parfumés, ces rosiers fleurissent continuellement, produisent des fruits et résistent aux sels de déglaçage et aux maladies.

SÉRIE MEIDILAND

Ces rosiers nous viennent de France. Rustiques en zones 4 et 5, certains cultivars comme Alba Meidiland, Red Meidiland, Cherry

Meidiland et Bonica fleurissent tous les ans à la *Roseraie du Témiscouata*, dans une zone 3, sans autre protection que la neige...

LES GROUPES PARTICULIERS

Certains hybrideurs modernes ont produit des rosiers qui sont rustiques en Amérique du Nord.

LES ROSIERS ANGLAIS DE DAVID AUSTIN

C'est en Angleterre que David Austin a réussi à combiner le charme, la grâce naturelle et le parfum exquis des roses anciennes avec la floribondité des rosiers modernes. Ces rosiers rustiques en zones 4 et 5 peuvent être cultivés en zone 3 s'ils sont plantés avec soin et buttés les deux premiers hivers. Même si on doit les rabattre au niveau du sol au printemps, ils fleuriront quand même pendant tout l'été. Leur hauteur varie de 0,6 à 1,5 m et le choix des couleurs est impressionnant.

LES ROSIERS DU DR BUCK★

Professeur d'horticulture dans une université de l'Ouest américain, le Dr Griffith Buck a mis sur le marché plus de 60 cultivars de rosiers arbustifs rustiques pour l'Amérique du Nord. Ces rosiers qui ressemblent aux hybrides de Thé sont particulièrement appréciés pour leur floraison continuelle et leur robustesse. Leur hauteur varie de 0,9 à 1,5 m. Rustiques en zone 4, ils poussent aussi très bien en zone 3 sans protection.

LES ROSIERS DU DR BROWNELL

Un Américain du Rhode Island a développé une vingtaine de rosiers afin de les rendre plus rustiques et vigoureux. Qui n'a pas reçu par la poste une offre concernant les rosiers Sub-Zero du Dr Brownell? Ce sont pour la plupart des hybrides de Thé rustiques en zone 5. Mais ces cultivars accompagnés de leur superlatif devraient selon ces publicités résister à des températures inférieures à –26 °C. Quelques variétés

★ Deux cultivars du Dr Buck ont servi de géniteurs dans le Programme de recherche d'Agriculture Canada.

sont présentement à l'essai à la *Roseraie du Témiscouata* pour vérifier ces affirmations...

à suivre!

LES ROSIERS DE KORDES

En Allemagne, de père en fils depuis trois générations, la famille Kordes travaille à l'hybridation des rosiers pour créer des variétés plus rustiques. On retrouve dans cette série un nombre considérable de rosiers de toutes les couleurs et de toutes les formes autant grimpantes, arbustives que rampantes. Ces rosiers offrent de grandes possibilités, c'est pourquoi une large place leur a été faite à la Roseraie du Témiscouata: arbustes qui n'ont pas besoin de protection hivernale et grimpants qu'on protège pour conserver complètement la longueur de leur tige. Ils sont en général rustiques en zones 4 et 5.

LES HYBRIDES MODERNES DE ROSIERS BOTANIQUES

Il ne faudrait pas oublier avant de conclure que parmi les rosiers modernes, plusieurs sont croisés avec des rosiers botaniques. Ce sont les hybrides de Rosa rugosa, de Rosa spinosissima, de Rosa nitida, de Rosa fœtida, de Rosa rubiginosa et bien d'autres, pour la plupart rustiques en zone 3.

Classification selon la forme

Cette classification facilite beaucoup le choix des rosiers.

LES ROSIERS BUISSONS

Ce terme regroupe surtout les variétés modernes les plus populaires c'est-à-dire: les hybrides de Thé, les polyantha, les floribunda, les grandiflora et les miniatures. Les rosiers buissons se caractérisent par des branches raides formant une touffe évasée plus ou moins ramifiée et plus ou moins vigoureuse selon les variétés. Les hauteurs varient de 0,50 à 1,50 m.

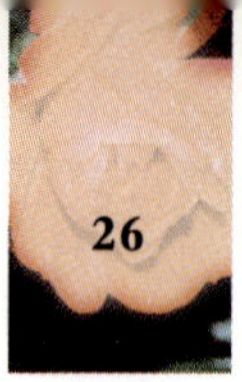

Les rosiers arbustes

La majorité des rosiers anciens entre dans cette catégorie avec, bien entendu, de nombreux rosiers modernes. Ces rosiers très vigoureux peuvent atteindre 2 m de hauteur. Ils sont à leur meilleur quand on les laisse pousser naturellement. Ils produisent un bel effet lorsqu'on les utilise en rosier isolé sur une pelouse et sont parfaits pour créer des haies denses et fleuries.

Les rosiers grimpants

Même s'ils ne possèdent pas de vrilles ou de ventouses pour s'agripper, on utilise quand même le terme «grimpant» pour désigner ce type de rosiers aux longues tiges rigides ou sarmenteuses. Ils doivent être guidés et attachés sur leur support. Ces rosiers se classent en deux groupes: les grimpants remontants et les grimpants non remontants. En zone 3, ils ont besoin d'une protection hivernale, sauf quelques variétés de la série Explorateur. On retrouve une grande variété dans le choix des couleurs et des hauteurs.

Les rosiers grimpants remontants sont en majorité des rosiers modernes; ils peuvent être à grandes fleurs ou à fleurs en bouquets. Ces rosiers fleurissent plus ou moins continuellement ou ils offrent au moins deux bonnes floraisons. On retrouve parmi ceux-ci beaucoup de rosiers de type hybride de Thé et floribunda obtenus par semis. D'autres sont le produit de mutations «sports» de rosiers buissons que les rosiéristes se sont empressés de multiplier. Pour les nommer, le terme «Climbing» (abrév. Cl ou Clg) a été ajouté devant le nom du cultivar dont ils sont issus. Exemple: Iceberg = buisson, Climbing Iceberg = grimpant.

Les rosiers grimpants non remontants sont pour la plupart issus des rosiers botaniques Rosa multiflora et Rosa wichuraiana. Leurs tiges sarmenteuses, longues et flexibles, s'allongent de plusieurs mètres en une seule saison en partant de la base du rosier. Ils ne fleurissent qu'une fois, mais tellement généreusement que bien souvent, le feuillage disparaît sous les bouquets de petites fleurs en grappes; le plus souvent ces fleurs sont très parfumées. Parmi les grimpants non remontants, on trouve aussi des variétés ayant de grandes fleurs; ils peuvent parfois refleurir légèrement pendant la saison.

Les rosiers rampants

Les rosiers rampants ou couvre-sols se caractérisent par de longues tiges vigoureuses et très denses. De faible hauteur et de longueur variable ils ont l'avantage, grâce à leur densité, d'empêcher la pousse des mauvaises herbes. Utiles pour fixer les talus, quelques variétés de rosiers grimpants peuvent aussi être utilisées comme rosiers rampants.

Rosiers buissons	modernes	remontants
Rosiers arbustes	anciens	remontants non remontants
	modernes	remontants non remontants
Rosiers grimpants	anciens	non remontants
	modernes	remontants non remontants
Rosiers rampants	anciens	non remontants
	modernes	remontants non remontants
Rosiers sur tige	modernes	remontants non remontants

Les rosiers sur tige

Ces rosiers semblables à de petits arbres sont produits la plupart du temps à partir de rosiers hybrides de Thé, de floribunda, de rosiers grimpants sarmenteux et de miniatures. Les rosiers sur tige ne sont pas rustiques en zone 3. Par contre, on trouve dans le commerce quelques variétés rustiques. C'est par greffage qu'on obtient ces petits arbres utilisés surtout pour créer des effets particuliers en aménagement paysager. Ils peuvent prendre une forme ronde, pleureuse ou parasol suivant la taille et les supports utilisés. Les hauteurs varient de 0,60 m à 2 m selon l'effet recherché.

L'*emplacement*

Pour fleurir abondamment, les rosiers ont besoin d'une exposition ensoleillée, mais non brûlante; il leur faut au moins 6 heures d'ensoleillement par jour. Un peu d'ombre au milieu de la journée fera durer la floraison plus longtemps. Évitez les endroits trop ombragés, car les rosiers seraient chétifs, la floraison peu abondante et le contrôle des maladies plus difficile.

Bien qu'une bonne circulation d'air soit nécessaire à la santé du rosier, un vent intense abîmera ses fleurs et écourtera sa floraison. Évitez de les placer en plein vent (fig. 4).

Haie brise-vent

Fig. 4

Ne les plantez pas trop près des arbres ou arbustes où ils risquent de manquer d'éléments nutritifs, d'humidité et de soleil.

Si la dimension de votre terrain le permet, agencez votre plate-bande de façon à pouvoir éventuellement l'agrandir sans devoir modifier tout l'aménagement de votre jardin.

Si vous cultivez des rosiers, c'est pour les admirer. Placez-les donc de manière à les voir depuis l'intérieur de votre maison. Profitez également de leur parfum en les plantant près du patio ou du balcon.

Ils sont idéals pour la création de haies, d'écrans de couleurs et de verdure.

Le *sol*

Une préparation adéquate du sol est la véritable base d'une bonne culture de rosiers. Le jardinier ou la jardinière n'a généralement pas beaucoup de choix en ce qui concerne le type de sol et doit en tirer le meilleur parti. On n'oubliera pas que la plantation est là pour longtemps. Il faut donc que le sol soit suffisamment enrichi de matière organique pour assurer un bon démarrage des plantes et pour les maintenir vigoureuses. Le sol doit être fertilisé en profondeur, car les racines des rosiers sont longues et profondes. Le fumier ne devant pas venir en contact direct avec les racines, il faut préparer les plates-bandes au moins trois semaines avant la plantation. Idéalement il faut préparer dès l'automne les plates-bandes pour la plantation du printemps suivant, afin de laisser l'action du gel et du dégel améliorer la structure du sol. De plus, cette précaution vous permettra de planter vos rosiers plus tôt au printemps.

Les rosiers préfèrent un sol riche, (composé en partie de sable, d'argile et d'humus) c'est-à-dire une terre un peu lourde, qui colle aux pieds ou aux outils lorsqu'elle est mouillée, mais qui sèche assez vite et se travaille facilement. S'ils sont plantés dans une terre plus légère, comme un sol sablonneux, les rosiers pousseront à condition d'y trouver une bonne quantité d'humidité, de matière organique et d'éléments minéraux.

Le sol devra être légèrement acide, d'un pH variant entre 6,5 et 7. (L'échelle des pH indique l'acidité ou l'alcalinité du sol. Le pH est neutre à 7. Inférieur à 7, le pH est acide et supérieur à 7, il est alcalin ou basique).

Les rosiers demandent un bon drainage, car ils ne survivent pas dans une terre trop mouillée. Les racines ont besoin de la même quantité d'air que d'eau. Si le sol est imbibé d'eau, les racines pourriront et peu à peu, le plant dépérira.

Si votre sol n'est pas idéal, ne désespérez pas. Les roses poussent dans pratiquement n'importe quelle terre, quoique si celle-ci est pauvre et sablonneuse, la préparation exigera des soins plus poussés et l'apport d'engrais devra être plus fréquent. Le choix des variétés joue également un rôle; les rosiers sauvages et arbustifs poussent à peu près dans tous les types de sols, mais les cultivars modernes préfèrent les sols un peu gras et bien drainés.

Enfin, un sarclage régulier réduira la compétition entre les plantes pour la nourriture et l'eau dans le sol.

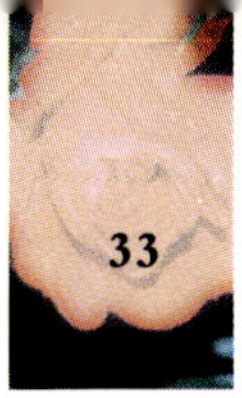

L'*eau*

Une anecdote ancienne illustre toute l'importance de l'eau dans la culture des rosiers. Un charlatan parcourait les campagnes de la Nouvelle-Angleterre pour vendre des pilules roses infaillibles, promettant une floraison fantastique des rosiers. Il prescrivait d'administrer une fois par semaine une pilule dans un seau d'eau. Le plus étrange, c'est que cela donnait des résultats. Non que les pilules eussent une action quelconque, mais cet arrosage régulier faisait tant de bien aux rosiers que les clients ne soupçonnèrent jamais la supercherie...

- Pour être en santé, les rosiers doivent s'ancrer dans un sol humide, ce qui ne signifie pas pour autant un sol imbibé. Dans un sol sec, ils sont en état de stress; ils ne poussent pas beaucoup, deviennent une proie facile pour les insectes et attrapent toutes sortes de maladies. L'eau leur est essentielle surtout pendant les longues périodes de sécheresse de la mi-été.
- Combien faut-il leur donner d'eau? Tout dépend de leur milieu de croissance: dans un sol sablonneux, il faudra arroser plus souvent que dans un sol lourd. Mais, règle générale, disons que dans un sol bien drainé, on peut difficilement trop arroser un rosier.
- Pour éviter que l'eau ne ruisselle, formez une cuvette à la base du rosier (fig. 5). Pour bien humidifier les racines, l'eau doit pénétrer au moins à 30 cm de profondeur. En période de canicule, chaque rosier peut avoir besoin de 20 litres (5 gallons) d'eau par semaine et parfois même davantage. C'est incroyable la quantité d'eau que le sol peut absorber avant qu'elle descende vers les couches inférieures!

Fig. 5

- De préférence, arrosez le pied du rosier, au goulot ou au jet ou utilisez un pommeau installé au bout d'un boyau d'arrosage ou des tuyaux flexibles perforés. Ces derniers s'installent facilement autour des plants et minimisent la perte d'eau (fig.6).

Fig. 6

- Un rosier implanté depuis plusieurs années a en principe, développé un système radiculaire suffisant pour puiser l'eau profondément dans le sol. Par contre, les rosiers plantés dans l'année doivent toujours être arrosés au moins une fois par semaine.

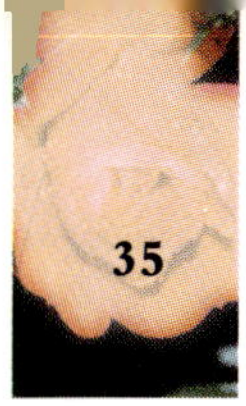

- Les rosiers plantés près d'un mur souffrent fréquemment de sécheresse. Pendant l'été, un arrosage abondant hebdomadaire, même pour des rosiers bien implantés, n'est pas excessif, surtout par temps sec.
- Afin de diminuer le problème de sécheresse qui se pose aux rosiers grimpants, évitez de les planter sous une avancée de toit.
- L'eau est le plus souvent l'élément qui fait défaut. En effet, sans eau, les rosiers ne peuvent assimiler la quantité considérable de nourriture qui reste fréquemment dans le sol au milieu de l'été (substances nutritives, résidus de l'engrais administré au printemps).
- Les arrosages fréquents et légers ne sont pas recommandés. Cela encourage la formation d'un système racinaire superficiel, qui ne pourra subvenir adéquatement aux besoins de la plante. De plus, les racines superficielles risquent plus facilement de sécher et mourir, ou de subir des blessures lors du binage du sol.
- Il n'est pas non plus recommandé d'arroser le feuillage des rosiers. Si vous le faites pendant qu'il fait soleil, les gouttes d'eau agiront comme le ferait une loupe, concentrant les rayons du soleil et causant des brûlures. En outre, la stagnation de l'eau sur les feuilles encourage la multiplication des spores de champignons, causant des maladies, surtout si vous arrosez en fin de journée ou le soir.
- Un bon binage équivaut à deux arrosages. Dans les massifs et les bordures, le binage régulier de la terre comporte un double avantage: limiter l'évaporation et empêcher le développement des mauvaises herbes. En rompant la croûte de terre qui se forme en surface par temps chaud, vous empêcherez l'évaporation par capillarité, car la croûte sèche agit comme un buvard et pompe l'eau au détriment de la plante.

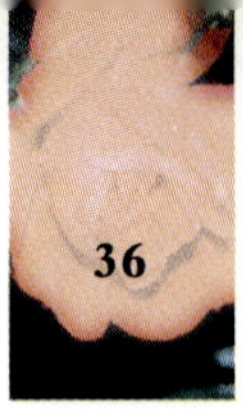

La *fertilisation*

Fertilisation minérale

Beaucoup de jardiniers et de jardinières se servent d'engrais chimiques étudiés pour fournir aux plantes toutes les substances nutritives nécessaires (voir tableau des éléments minéraux). Certains de ces engrais sont spécialement conçus pour les rosiers, mais les engrais destinés à l'usage général donnent de bons résultats.

Tous les engrais se composent de trois éléments principaux, chacun jouant un rôle particulier. L'azote (N) stimule le développement du feuillage en augmentant le nombre et la taille des pousses, des tiges et des feuilles. Le phosphore (P), mentionné sur l'étiquette sous le nom d'acide phosphorique, stimule la croissance des racines et augmente la production des fleurs. Le potassium (K), mentionné sous le nom de potasse, favorise une croissance vigoureuse et permet aux plantes de mieux résister aux maladies et au froid. L'engrais chimique utilisé par la plupart des rosiéristes contient 5 % d'azote, 10 % d'acide phosphorique et 5 % de potasse, ce qu'indique la formule 5-10-5. On peut utiliser d'autres formules en alternance comme le 10-6-4, souhaitable au printemps à cause de sa haute teneur en azote (N) et le 6-12-16 ou le 8-12-16 après la première floraison pour favoriser la remontée et l'aoûtement avec ses concentrations plus fortes en phosphore (P) et en potassium (K). Quant à la fréquence de vos applications, elle dépend en partie de vos plantes et en partie du climat.

Pendant la première année, la croissance des racines est de la plus haute importance et celles-ci puiseront dans le sol les substances nutritives que vous y aurez incorporées; dans des parterres correctement préparés, les rosiers auront de quoi se nourrir. On ne fertilisera jamais les rosiers pendant leur première saison; en réalité, mieux vaut leur donner de l'engrais seulement après l'apparition de la première floraison. Les rosiers adultes, par contre, ont besoin d'engrais juste avant l'éclosion des bourgeons au printemps.

Il est difficile d'établir des règles absolues de fertilisation. En effet, une formule qui donne d'excellents résultats dans certaines circonstances peut ne pas réussir ailleurs. Certains jardiniers et jardinières dorlotent leurs rosiers d'une façon exagérée. Par exemple, ils les fertilisent trop dans l'espoir de les voir produire une floraison surabondante. Il faut éviter de mettre trop d'engrais pour ne pas provoquer d'accumulation excessive d'éléments nutritifs et de sels dans le sol. Il est bon de faire analyser le sol tous les deux ou trois ans pour déterminer ses besoins en fertilisants.

Pour obtenir de meilleurs résultats, les rosiers doivent être nourris généreusement, mais avec discernement. Il ne suffit pas d'employer de grandes quantités de n'importe quel fertilisant sans tenir compte du type de sol ou de l'époque de l'année.

Habituellement, les engrais s'incorporent au sol en deux temps: la première application s'effectue au printemps après la taille, la seconde avant le 15 juillet. On recommande 100 à 150 g par mètre carré, soit environ une poignée par plant. Cela suffira aux rosiers cultivés dans les climats froids ou tempérés. Des doses plus tardives risquent de faire sortir de nouvelles pousses tendres, particulièrement vulnérables aux méfaits du gel.

Ne jamais appliquer d'engrais sur un sol sec, car vous risquez de causer des brûlures aux racines.

Toujours arroser à fond après avoir légèrement incorporé l'engrais au sol avec une binette ou un râteau (attention aux racines en surface...).

Fertilisation organique

Nourrir le sol pour nourrir la plante

On emploie déjà trop de produits chimiques de nos jours. En fait, on pourrait se dispenser de les utiliser dans nos jardins d'agrément. Ils nous font perdre notre temps et notre argent, car bien souvent, ils sont lessivés avant d'avoir atteint les racines des plantes.

Ceci dit, il n'en reste pas moins que les rosiers ont besoin d'une terre riche et fertile. Le compost ou le fumier bien décomposé reste le moyen le plus efficace de fertiliser les rosiers. On l'incorpore au sol lors de la plantation et par la suite, chaque printemps, on le fait pénétrer dans les premiers centimètres du sol, avec un peu de poudre d'os.

Si le sol est pauvre en matière organique, il faut épandre du fumier entre les plantes au début du printemps, avant de défaire les buttes et d'aplanir le sol. Si on a mis du fumier, on peut réduire les quantités d'engrais chimiques complets à apporter.

Beaucoup de jardiniers et de jardinières sont persuadés que le fumier d'origine animale doit être appliqué en automne et laissé en surface pendant l'hiver. C'est là une erreur. Sous pareil recouvrement, le sol devient détrempé et froid. L'air, la pluie et le gel ne peuvent plus agir sur lui, ce qu'ils devraient pouvoir faire. Les spores de différentes maladies y trouvent, par ailleurs, un excellent terrain de culture. Les fumures appliquées en automne doivent être enfouies.

Tout ceci est bien beau, mais que faut-il faire lorsqu'on ne dispose pas de fumier? On peut utiliser d'autres engrais organiques comme ceux-ci:

Poudre d'os	• source de phosphore (P)
Farine de plumes ou sang séché	• source d'azote (N)
Farine d'algues	• source d'oligo-éléments*
Émulsion de poisson	• source d'azote (N), de phosphore (P) et de potassium (K) (utile pour corriger des carences de N et P)
Algues liquides	• source d'oligo-éléments
Purins de plantes	• source d'éléments nutritifs (N, P, K) facilement assimilables

La fertilisation foliaire ou application d'engrais liquide dilué sur les feuilles des rosiers n'est efficace que si elle est effectuée correctement. Seule une très petite quantité de fertilisants est absorbée par les stomates** des feuilles. On vaporisera la solution en fin d'après-midi; c'est le moment où les stomates sont le plus absorbants. Pulvériser les engrais sous le feuillage constitue une façon très efficace d'obtenir des résultats rapides, si l'on suit à la lettre les instructions du fabricant. Certains de ces produits peuvent être utilisés en association avec des insecticides et des fongicides, de telle sorte que la pulvérisation pourra se faire en une seule fois, ce qui est très intéressant.

* Minéraux que l'on trouve en petites quantités dans le sol; bore, cuivre, fer, zinc, manganèse et molybdène sont indispensables aux plantes.

** Pores situés en majorité sur la partie inférieure de la feuille qui permettent à la plante de respirer et de rejeter ses déchets.

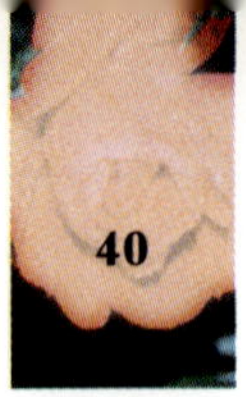

Tableau des éléments minéraux nécessaires aux plantes

L'azote
- donne la couleur verte aux plantes;
- favorise la croissance des plantes.

Le phosphore
- favorise le développement des racines;
- favorise l'absorption de l'eau;
- favorise la formation des fleurs.

Le potassium
- favorise le métabolisme des plantes;
- accroît la résistance aux maladies;
- favorise l'endurcissement.

Le calcium
- stimule le développement des racines et des feuilles.

Le magnésium
- favorise la photosynthèse;
- contribue à la respiration des plantes.

Le soufre, le cuivre et le fer
- contribuent à la formation de la chlorophylle.

Le molybdène
- contribue à la formation d'enzymes réducteurs des nitrates.

Le manganèse
- active les réactions métaboliques.

Le zinc
- favorise la croissance des plantes.

Le bore
- favorise la croissance des tiges;
- favorise la formation des cellules des graines.

Les *amendements*

Même si on a préparé nos plates-bandes avec le plus grand soin et les meilleurs ingrédients, on devra éventuellement apporter certaines corrections au sol (fig. 7). Les amendements agissent sur les qualités générales du sol et nous permettent des ajustements au niveau du pH; leur utilisation judicieuse profite au bien-être des rosiers qui auront plus de vigueur et seront d'autant plus florifères. On utilise le plus souvent: le compost, l'argile, le sable grossier ou sable horticole, la tourbe de mousse de sphaigne («peat moss»), la chaux et la cendre de bois.

Fig. 7

Le compost

Le compost, amendement par excellence du jardinier et de la jardinière, s'emploie autant dans les sols sablonneux que dans les sols lourds. En sol sablonneux et léger, les apports seront plus importants et les applications se feront au printemps avec du compost jeune. En sol argileux et lourd, les applications normales se feront à l'automne avec du compost mûr.

L'argile

L'argile s'utilise principalement dans les sols sablonneux et comporte de nombreux avantages. Avec sa haute teneur en minéraux facilement assimilables, elle améliore la rétention de l'eau et des éléments nutritifs. L'argile permet également une meilleure formation d'humus stable dans le sol, réduisant ainsi les besoins annuels en compost.

Le sable grossier ou sable horticole

Attention! Si vous voulez alléger un sol trop argileux avec du sable grossier, vous obtiendrez du ciment, car il s'agglomérera avec l'argile et la fera durcir... Utilisez plutôt du compost, de la terre noire ou de la terre sableuse, que vous incorporerez adéquatement.

La tourbe de mousse de sphaigne («peat moss»)

Elle est utilisée généralement pour ses qualités absorbantes, acidifiantes et pour alléger les sols; on devrait plutôt lui préférer le compost au pH neutre qui est tout aussi absorbant et léger et possède en plus un pouvoir fertilisant.

La chaux

On l'utilise surtout pour hausser le pH du sol puisqu'elle contient un fort pourcentage de calcium (Ca). En voici 2 types:

- la **chaux agricole** est économique et principalement constituée de calcaire broyé; son ingrédient actif est le carbonate de calcium;
- la **chaux dolomitique** contient en plus du carbonate de calcium, du carbonate de magnésium très bénéfique pour les rosiers. Même si elle est plus onéreuse, il ne faudrait pas s'en

priver, à cause de sa teneur en magnésium (Mg). Selon les besoins déterminés par une analyse de sol, la chaux est généralement appliquée au printemps et incorporée au sol par binage. Il ne faut pas faire d'application massive de chaux, car les micro-organismes du sol s'adaptent difficilement à un changement brutal du pH.

Les cendres de bois

Les cendres de bois, tout comme la chaux, permettent de hausser le pH du sol à cause de leur forte teneur en calcium (Ca). Elles conviennent très bien pour des sols légers qui manquent généralement de potassium. Par contre elles deviennent limoneuses lorsqu'elles sont mouillées et tendent à aggraver l'état des sols lourds et humides. Les cendres produites par le bois dur contiennent en abondance du potassium et procurent une forte teneur en minéraux: 23 % de calcium (Ca), de 2 à 10 % de phosphore (P), de 6 à 15 % de potassium (K) ainsi que de nombreux oligo-éléments.

Comme les cendres détiennent un fort pouvoir alcalinisant et qu'elles sont riches en potassium (K)* elles devraient être utilisées avec parcimonie et toujours en conformité avec une analyse de sol. Si des applications régulières de compost de qualité sont faites, le pH du sol se stabilisera, éliminant ainsi le besoin d'ajouter de la chaux ou des cendres de bois qui peuvent, si elles sont appliquées en trop grande quantité, rendre un jardin complètement improductif.

Analyse du sol

La culture du rosier exige un sol légèrement acide, c'est-à-dire un sol dont le pH se situe entre 6,5 et 7. Pour connaître le pH de votre sol, il sera nécessaire de prélever un échantillon de terre dans la plate-bande et de le faire analyser dans un centre de jardinage ou dans un laboratoire. Pour que votre échantillon soit complet, vous devrez

* Attention, les excès bloquent l'assimilation du magnésium (Mg).

prélever un peu de terre à cinq ou six endroits différents et à une profondeur de plus de 15 cm. Recueillez la terre dans un petit sac en plastique. Avec les résultats de l'analyse on vous fournira des recommandations. Cependant il faut être patient, car le sol peut prendre un certain temps avant d'atteindre le pH requis.

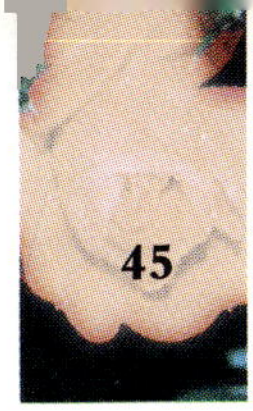

Le *paillage*

Cette technique consiste à habiller la terre au pied des rosiers d'une litière à base de différents matériaux organiques qu'on appelle paillis:

- feuilles déchiquetées;
- compost;
- écorces de conifères (ne moisissant pas, elles évitent la prolifération de maladies cryptogamiques);
- écales de cacao (elles dégagent leur propre azote en se décomposant);
- écales de sarrasin;
- herbe provenant de la tonte des pelouses (il est d'une importance vitale de ne pas utiliser de l'herbe provenant d'une pelouse traitée récemment avec un désherbant sélectif).

Au printemps, dès que le sol est réchauffé, on étend le paillis sur un sol humide, sur une épaisseur de 8 cm. Il est important de laisser quelques centimètres de terre nue autour des tiges pour éviter les risques de pourriture, aider l'eau à s'accumuler autour des plants lors des arrosages et permettre aux racines de respirer.

Il y a plusieurs avantages au paillage:

- il crée un barrage qui empêche l'évaporation, aide à conserver la fraîcheur et l'humidité du sol et des racines, ce qui est particulièrement appréciable durant les chaleurs estivales. Une plate-bande comportant un paillis est de 10 à 20 % plus fraîche qu'une plate-bande de terre à nu (fig. 8);
- il prévient le compactage du sol et la formation de croûte en surface allégeant ainsi la tâche du binage;

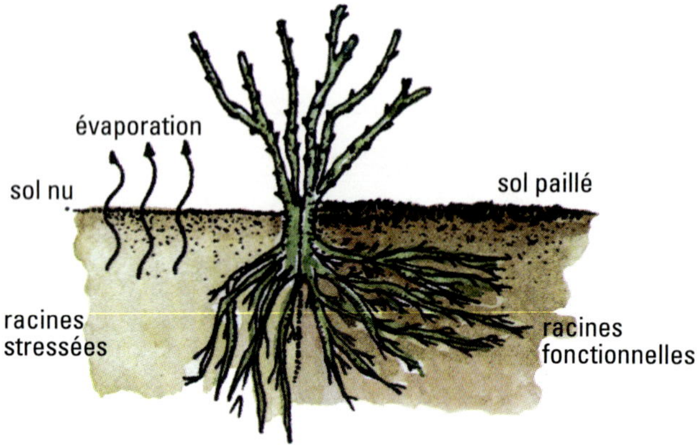

Fig. 8

- il gêne la prolifération des mauvaises herbes;
- il empêche la terre d'éclabousser les feuilles des rosiers;
- il apporte de la matière organique au sol, lorsqu'on l'incorpore;
- il empêche le développement et la propagation des spores nuisibles.

Un mot à propos de la tourbe de mousse de sphaigne («peat moss»): ce paillis n'est pas recommandé, parce qu'en séchant, la tourbe de mousse de sphaigne absorbe toute l'eau disponible. Si on veut l'utiliser, il faut bien veiller à la maintenir constamment humide et choisir une tourbe de texture très grossière.

Le paillage est très important. Si les rosiers sont bien paillés chaque année ou à tous les deux ans, les autres exigences culturales deviendront insignifiantes.

L'achat d'un *rosier*

Votre rosier peut vivre plus de 15 ans, d'où l'importance de savoir comment le choisir pour vous assurer de sa qualité.

Tous les rosiers sont classifiés selon le nombre et la longueur des tiges. On trouve trois classes: n° 1, n° 1 1/2 et n° 2 (fig. 9).

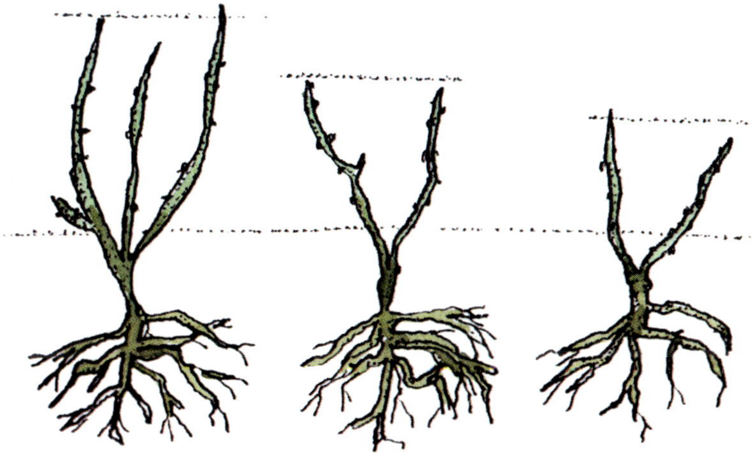

n° 1 n° 1 1/2 n° 2

Fig. 9

- Classe n° 1: la meilleure et la plus chère. Les plants ont au moins 3 longues tiges vigoureuses et leurs racines sont abondantes et bien développées. La floraison abondera dès le premier été.
- Classe n° 1 1/2: les rosiers de cette classe sont moins onéreux et ils n'ont que 2 tiges courtes. Ils sont de moins bonne qualité et mettront plus de temps à fleurir.
- Classe n° 2: la moins bonne. Les tiges sont faibles et minces. Cette classe n'est pas recommandée même si son prix est souvent très bas.

À l'achat, les rosiers se présentent de quatre façons:

- des rosiers à racines nues, vendus dans les centres de jardinage et les pépinières;
- des rosiers à racines nues, choisis dans un catalogue et commandés par la poste;
- des rosiers empaquetés, vendus dans les grands magasins;
- des rosiers en pot, vendus dans les centres de jardinage et les pépinières.

Rosiers à racines nues

(VENDUS DANS LES CENTRES DE JARDINAGE ET LES PÉPINIÈRES)

Voilà une très bonne façon d'acheter vos rosiers. Vous avez la chance de pouvoir les choisir et de vous assurer que la marchandise offerte soit de première qualité.

Un rosier sain doit avoir:

- un bon système radiculaire: racines fournies, longues et bien proportionnées;
- une structure forte: de grosses tiges vertes avec une écorce lisse et de bons bourgeons pas trop gonflés.

Évitez les rosiers dont l'écorce des rameaux est plissée par la sécheresse et noircie par le gel ou la maladie. N'hésitez pas à prendre le temps requis pour les choisir, même si au printemps les centres de jardinage et les pépinières sont fort achalandés.

Rosiers à racines nues

(CHOISIS DANS UN CATALOGUE ET COMMANDÉS PAR LA POSTE)

Cette façon d'acheter vous permet de choisir parmi un grand nombre de variétés et de vous tenir au courant des dernières nouveautés. Par contre, vous devez vous fier à la compagnie qui vous fait parvenir vos rosiers, car vous ne pouvez sélectionner les meilleurs. Si vous recevez un ou plusieurs rosiers qui sont malades ou abîmés, la compagnie prend habituellement la responsabilité de les remplacer, mais cela peut prendre un certain temps. Vous devrez donc commander longtemps à l'avance, en automne de préférence, pour être certain de recevoir à temps les variétés que vous désirez.

Si de nouvelles variétés primées ou des rosiers rares vous attirent, commandez-les en petite quantité et observez de quelle façon ils se comportent dans votre jardin.

Rosiers empaquetés

(VENDUS DANS LES GRANDS MAGASINS)

Dans les grands magasins, on peut parfois trouver des rosiers bon marché, mais le choix est limité. Empaquetés dans de la tourbe de mousse de sphaigne qui garde les racines humides, ils sont soumis à des températures élevées qui provoquent le débourrement hâtif du plant sous l'enveloppe de plastique ou de carton. Lorsque vous les planterez, le vent et le soleil risquent de dessécher les bourgeons gonflés et pâles. L'idéal serait d'acheter les rosiers dès qu'ils sont mis sur les tablettes.

Rosiers en pots

(VENDUS DANS LES CENTRES DE JARDINAGE ET LES PÉPINIÈRES)

De plus en plus populaires, les rosiers en pot peuvent être plantés à n'importe quelle période de l'année. Vous pouvez être tout à fait sûr que vos rosiers survivront, même s'ils sont en fleurs quand vous les achetez. Le rosier cultivé en pot ne risque pas d'avoir les racines abîmées lors de la plantation; il présente en outre l'avantage de pousser plus tôt au printemps et d'avoir une floraison plus hâtive. Ces rosiers portent également une étiquette avec le nom du rosier, ses caractéristiques et ses besoins. Tous ces avantages expliquent leur coût plus élevé que celui des rosiers à racines nues.

Rosiers greffés ou non greffés

Ce sont généralement les rosiers greffés que l'on retrouve dans le commerce. Ils sont produits à grande échelle, d'où leur prix compétitif et ils fleurissent abondamment la première année en autant qu'on ait acheté un plant de qualité n° 1. Le choix des cultivars est impressionnant, mais beaucoup de ces rosiers ne sont pas rustiques dans nos régions et bien souvent, le porte-greffe peut prendre le dessus malgré les protections hivernales.

Les rosiers greffés sont en fait deux rosiers en un: le porte-greffe et le greffon unis par le point de greffe ou renflement à la base du rosier. Le rosier porte-greffe permet d'adapter des variétés de rosiers à une grande latitude de climats et de terrains, les racines du porte-greffe assurant la viabilité du rosier qui se développe au-dessus du point de greffe. Sans la robustesse du porte-greffe, le rosier que vous avez choisi ne survivrait probablement pas sous notre climat. Toutefois, ce ne sont pas tous les rosiers qui auraient besoin d'une greffe. Ceux qui sont rustiques chez nous devraient être cultivés sur leurs propres racines, c'est-à-dire reproduits par bouturage ou *in vitro*. Les rosiers non greffés sont un peu plus lents à multiplier et par conséquent, un peu plus onéreux. Mais, ils offrent l'avantage suivant: après un hiver très froid où les tiges auront gelé jusqu'au sol, il y a de fortes chances qu'ils repoussent et surtout, on peut être certain que ces nouvelles tiges seront celles des cultivars achetés au départ. Plusieurs rosiers non greffés ou francs de pied sont produits au Québec; déjà acclimatés, ils possèdent donc une plus grande rusticité.

Alors, lorsque vous achèterez vos rosiers, informez-vous auprès du vendeur s'il vend des rosiers greffés ou francs de pied. Cela vous évitera des désappointements qui pourraient vous décourager de la culture des rosiers.

Des conseils avant la *plantation*

Les rosiers à racines nues

Que vous les ayez achetés dans des sacs de plastique, dans des boîtes de carton, par commande postale ou dans une pépinière, il est préférable de procéder à la plantation des rosiers à racines nues sans délai. Si vous ne pouvez pas les planter immédiatement, veillez à bien les protéger. Retirez leur enveloppe destinée à la conservation de l'humidité et humectez les racines. Quel que soit le type de rosiers, ils seront débarrassés des branches et racines malades, cassées ou sèches, opération que l'on appelle l'habillage. Un moyen de les maintenir humides consiste à plonger les racines dans un seau d'eau (fig. 10). Cela permettra aux plants d'absorber toute l'humidité dont leurs cellules pourront se gorger. Un truc excellent consiste à faire usage d'eau boueuse. Cette opération de trempage s'appelle le pralinage. En cas de nécessité, on peut laisser les plants dans l'eau jusqu'à douze heures avant de les planter. Mais il convient de protéger les racines de rosiers contre le gel et la déshydratation et, lorsqu'on prévoit des gelées, on doit veiller à ne pas laisser les plants passer la nuit dehors. L'action combinée du gel et d'un vent desséchant leur est particulièrement fatale. Même si le temps est doux, il faut soigneusement protéger les rosiers du vent. Une bonne solution consiste à placer le seau d'eau contenant les rosiers dans un abri non chauffé.

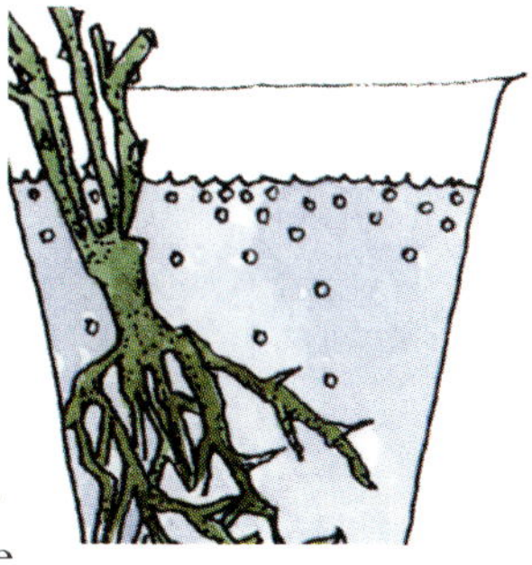

Fig. 10

Si vous ne pouvez les planter dans les vingt-quatre heures suivant leur réception, il faut protéger les rosiers grâce à une méthode dite de mise en jauge (fig. 11). Creusez une tranchée peu profonde; à l'arrivée des rosiers, retirez leur enveloppe, baignez les racines si elles sont sèches, et disposez-les ensemble, de biais et étroitement rapprochées, dans la tranchée. Ramenez la terre et tassez. Maintenez les plants mis en jauge bien arrosés, mais pas trop, et plantez-les le plus tôt possible à leur emplacement définitif.

Fig. 11

Si vous recevez les plants au moment où le sol est durci par le gel ou couvert de neige, vous pouvez les mettre en jauge temporairement dans un peu de terre ou de sable humide, à l'intérieur d'un hangar ou d'un appentis à l'abri du gel. Ou bien plantez-les dans un pot suffisamment gros en attendant de les transplanter au jardin dès que possible.

Les rosiers en pot

Comme pour les rosiers à racines nues, les racines des rosiers en pot ne doivent jamais manquer d'eau. Donc, ne prenez pas de chance et faites tremper le rosier avec ou sans pot, dans un seau rempli d'eau jusqu'à ce qu'il n'y ait plus de bulles à la surface (fig. 12). Gardez vos plants à l'abri du vent et du soleil ardent pour éviter trop d'évaporation.

Fig. 12

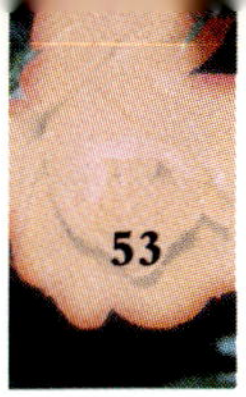

La *plantation*

Nous abordons maintenant la partie la plus importante de la culture des rosiers, la pierre angulaire qui mène au succès ou à l'échec.

Avant de commencer à creuser, faisons d'abord un retour sur les chapitres précédents, question d'évaluer si nous avons tous les atouts en main et ainsi mettre toutes les chances de notre côté:

1 – nous connaissons la zone de rusticité de notre région;

2 – nous avons choisi un emplacement offrant un minimum de six heures d'ensoleillement quotidien, bien aéré et à une bonne distance des gros arbres;

3 – nous avons sélectionné nos rosiers en fonction de nos goûts (couleur, parfum), selon l'utilisation (haie, massif, grimpant), selon la durée de floraison (remontante, non remontante, continuelle), selon leur rusticité (à protéger ou non), etc.;

4 – nous avons acheté des rosiers de première qualité (classe n° 1) chez un bon fournisseur;

5 – nous avons préparé les plates-bandes au moins trois semaines avant la plantation (idéalement à l'automne pour les plantations du printemps);

6 – nous avons apporté les amendements et fertilisants nécessaires au sol pour obtenir un pH entre 6 et 7 (selon les analyses de sol);

7 – nous avons pris soin de nos rosiers avant la plantation (habillage, pralinage, jauge, arrosage des pots).

Donc en répondant «oui» à ces sept «commandements», nous avons déjà obtenu 50 % de chances de réussir. L'autre 50 % s'obtient par une bonne plantation, et comme on le verra dans les prochains chapitres, un entretien minimum.

Quand pouvons-nous planter nos rosiers?

Au printemps

C'est le meilleur moment pour les rosiers à racines nues, puisque la plante est encore à l'état dormant. Nous pouvons les planter dès que le sol est suffisamment libéré de l'excès d'eau après la fonte des neiges et assez réchauffé pour être travaillé facilement. Nous pouvons aussi, bien entendu, planter des rosiers en pot.

À l'été

Cette période ne concerne que les rosiers en pot qui sont vendus dans différents commerces, centres de jardinage ou pépinières. Ces rosiers en pleine végétation sont souvent en fleurs et peuvent être plantés jusqu'à l'automne sans dommage.

À l'automne

En plus des rosiers en pot, nous pouvons aussi, tant que le sol n'est pas gelé, planter des rosiers à racines nues (ce sont surtout les collectionneurs qui commandent par catalogue ces rosiers dont les quantités sont limitées). Mais attention, les pertes sont très élevées pour les rosiers plantés à cette période, surtout en zone 3, malgré une bonne protection hivernale.

Note: Peu importe la saison où vous planterez, il faudra choisir une journée où il ne fera pas trop chaud, où le soleil sera discret et où le vent sera nul ou très faible pour éviter le plus possible la déshydratation.

Doit-on tailler les rosiers lors de la plantation?

Généralement, les rosiers que nous achetons ont déjà été taillés par le producteur. Mais, nous aurons parfois à tailler des rosiers qui auront subi des dommages; dans ce cas, il est important d'établir un équilibre entre les deux parties du rosier, soit entre les racines et les tiges.

Par exemple, nous recevons par la poste un rosier dont une grosse tige est cassée de moitié; nous coupons tout simplement sous la cassure sans tailler les racines, car un surplus au niveau des racines sera bénéfique aux tiges. Par contre, si c'est une grosse racine qui est brisée de moitié, nous devons, après avoir coupé cette racine au-dessus de la brisure, rabattre une tige forte ou quelques petites tiges pour rééquilibrer le plant, car les racines affaiblies ne pourraient pas nourrir toutes les tiges. À la plantation, nous nous contenterons d'éliminer seulement les tiges et racines brisées ou malades. La taille de formation peut très bien se faire la deuxième année; ce sera alors même plus facile.

Quelle distance devons-nous laisser entre les rosiers?

Cette distance varie selon la hauteur et la largeur des rosiers à maturité, leur vigueur et même la zone de rusticité où ils sont plantés. Dans une zone 3, un rosier qui devrait «normalement» atteindre 2 m à maturité n'atteindra peut-être que 1,5 m ou moins selon les rigueurs de l'hiver et les soins que nous lui prodiguerons. Mais, l'important, c'est de laisser suffisamment d'espace pour permettre à l'air de circuler et pour faciliter l'entretien. Nous retiendrons donc les distances suivantes, observées généralement:

50 à 70 cm:	hybrides de Thé, floribunda, grandiflora;
40 cm:	polyantha;
30 cm:	miniatures;
1 à 1,5 m:	petits arbustes;
1,5 à 2 m:	grands arbustes;
1,5 à 3 m:	grimpants, certains couvre-sols;
2 à 3 m:	rosiers sur tige.

Préparation du sol

Rappelez-vous qu'une bonne préparation du sol constitue un bon investissement à long terme. En effet, un rosier de type hybride de Thé vit une dizaine d'années, voire plus, et un rosier arbuste vit encore beaucoup plus longtemps. Les rosiers doivent donc être plantés dans une terre bien préparée, c'est-à-dire suffisamment ameublie pour que racines et radicelles se développent sans peine dès la plantation. De plus, le sol doit être riche en matière organique, bien drainé, tout en retenant l'humidité et avec un pH idéal de 6,5.

Profondeur de plantation

Enlevez la terre sur une profondeur de 45 à 50 cm. De plus, comme tous les rosiers développent à long terme de puissantes racines en profondeur, on devra leur faciliter l'accès des couches inférieures du sol en bêchant le fond du trou. Si votre terrain se draine bien, il suffira de bêcher sur une profondeur de 8 à 10 cm.

Si, par contre, le drainage laisse à désirer, vous devrez creuser plus profondément jusqu'à 60 cm pour ajouter du matériel drainant, roches, cailloux, ou carrément installer un drain. «Beaucoup de travail!» direz-vous, mais les rosiers n'aiment pas avoir les racines dans l'eau. Un truc pour savoir si votre terrain se draine bien: creusez votre trou et remplissez-le d'eau. Attendez quelques heures ou une nuit. S'il y a encore de l'eau le lendemain matin, pensez plutôt aux plantes aquatiques ou de milieux humides...

Diamètre du trou de plantation

Quant à la largeur du trou, elle devrait être d'au moins 60 cm ou proportionnelle au système racinaire du rosier pour permettre un bon étalement des racines (fig. 13). Ce diamètre est valable autant pour les rosiers à racines nues que pour ceux qui sont en pot, même si on dit que pour ces derniers, deux fois le diamètre du pot est suffisant. Vous achetez par exemple, dans un pot de 10 cm, un rosier qui

Fig. 13

devrait à maturité mesurer 1,2 m de hauteur par 1 m de largeur, imaginez ses racines dans 20 cm de bonne terre! Vous risquez de voir votre rosier dépérir et ne jamais atteindre les dimensions prévues... alors...

Terreaux de plantation

Il y a ceux qui ont la chance d'avoir de la bonne terre dans leur jardin, tant mieux, même s'ils doivent y apporter quelques corrections.

Il y en a d'autres qui sont moins choyés. Voici donc quelques recettes de mélange qu'on peut faire soi-même dans une brouette.

A) Le mélange utilisé à la Roseraie du Témiscouata:
2 parties★ de terre noire, légèrement argileuse;
2 parties de fumiers mélangés (cheval, vache, porc, etc.);
1 partie de sable;
1 partie de tourbe de mousse de sphaigne («peat moss»).
Aux deux mélanges qui suivent★★, on peut ajouter un engrais minéral de type transplanteur ou un engrais organique comme la poudre d'os, en suivant bien les instructions données sur les contenants.

B) Mélange pour terrain argileux:
1/2 partie de terre excavée, terre argileuse;
2 parties de terreau de jardin;
1 partie de fumier;
1 partie de compost;
1 partie de sable grossier contenant beaucoup de cailloux;
1 partie de tourbe de mousse de sphaigne («peat moss»).

★ une partie équivaut à la mesure que vous utilisez, comme une tasse, un gallon, une pelletée etc., tout dépend de la quantité de mélange à faire.

★★ La plupart des composants des mélanges B et C peuvent être achetés en sacs dans les commerces, et les proportions peuvent varier selon les conditions et les besoins. Ces mélanges de terre sont aussi profitables à d'autres plantes.

C) Mélange pour terrain sablonneux:
1/2 partie de terre excavée, terre sablonneuse;
2 parties de terreau de jardin;
1 partie de fumier;
1 partie de compost;
1 partie de tourbe de mousse de sphaigne («peat moss»);
1/2 partie de terre argileuse.

La plantation

Nous avons tout ce qu'il faut maintenant, ou presque, pour installer nos rosiers dans leurs plates-bandes. Il nous manque seulement un boyau d'arrosage ou un arrosoir et l'engrais transplanteur ou la poudre d'os, si on ne l'a pas déjà mélangé au terreau de plantation.

Occupons-nous d'abord de nos rosiers greffés à racines nues qui sont en attente soit en jauge, soit dans leur pralin.

1– Déposez quelques pelletées du terreau que vous avez préparé et mélangez-le au fond du trou avec la terre qui a été préalablement bêchée.

2– Placez le rosier dans le trou et tout en le maintenant en place d'une main, étendez les racines aussi régulièrement que possible. Ne taillez jamais les racines d'un plant de rosier pour lui permettre de s'adapter au trou que vous avez creusé. Au contraire, réjouissez-vous qu'on n'ait pas sectionné les longues racines de votre plant en les sortant de terre. Creusez un trou assez profond pour y loger la longueur supplémentaire sans qu'elle y soit à l'étroit. N'enroulez pas les racines autour du trou, mais laissez-les se déployer de façon naturelle.
C'est également à cette étape qu'on assurera la survie du rosier par le bon positionnement du point de greffe par rapport au niveau du sol. La plupart des références concernant le niveau auquel doit être placé le point de greffe sont d'origine européenne ou américaine et ne sont pas du tout adéquates pour les climats froids. C'est ce qui explique pourquoi tant de gens se découragent et abandonnent la culture des rosiers. En

effet, de nombreux échecs surviennent à cause de ces informations qui se révèlent par contre utiles pour des régions zonées 4 et plus. Donc, pour les gens qui cultivent dans les zones 3 et 2, vous devez enfouir le point de greffe à au moins 10 cm (4 pouces) sous le niveau du sol (fig. 14).

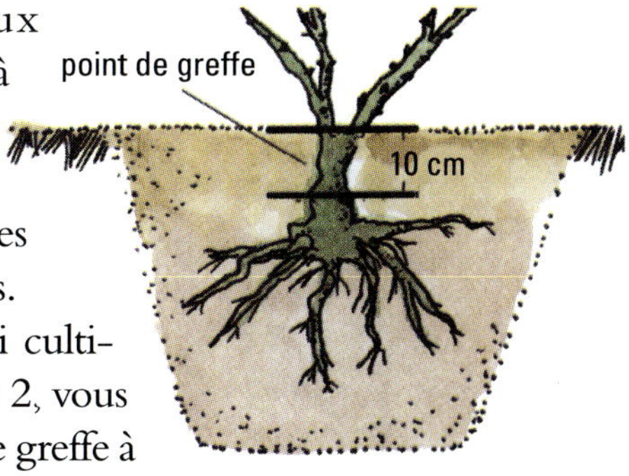

Fig. 14

Non, votre rosier ne pourrira pas si votre sol se draine bien; au contraire, il développera ses propres racines et s'affranchira du porte-greffe. Le rosier sera mieux protégé contre les hivers très froids et, même si vous devez rabattre toutes les tiges au niveau du sol au printemps, il fleurira dans la même saison. Il faut seulement être un peu plus patient. Voilà LE TRUC pour réussir la culture des rosiers en zone 3. La Roseraie du Témiscouata en est un bel exemple.

3 – Pour vous aider à positionner le point de greffe, placez une baguette de bois (ou le manche de votre pelle ou autre) en travers du trou et à l'aide d'une règle, placez le rosier au bon niveau en ajoutant ou en enlevant de la terre sous ce dernier.

4 – Lorsque votre rosier sera centré et au bon niveau et que les racines seront bien étalées, ajoutez de la terre pour les couvrir complètement jusqu'au tiers du rebord du trou. Arrosez abondamment* (remplir le trou). Lorsque l'eau sera tout absorbée (quelques minutes), épandez selon les recommandations du fournisseur (environ une poignée) de l'engrais transplanteur sur la terre mouillée. Les racines du rosier ne doivent jamais se trouver en contact direct avec un engrais, qu'il soit organique ou minéral.

* Un arrosage abondant permet un meilleur tassement du sol que celui effectué avec les pieds. Le poids de l'eau répartit naturellement la terre entre les racines sans les briser et les poches d'air sont aussi mieux éliminées et visibles (bulles à la surface de la boue).

5 – Après avoir rempli le trou de terre, formez autour du rosier une cuvette (beigne) et remplissez-la d'eau au moins deux fois ou jusqu'à ce qu'il ne se forme plus de bulles d'air à la surface.
Votre rosier ainsi planté vivra de nombreuses années avec un minimum d'entretien annuel. Vous pouvez laisser la cuvette et ajouter le paillis de votre choix. La cuvette permettra l'accumulation de l'eau de pluie ou d'arrosage et le paillis conservera cette humidité si appréciée des rosiers; de plus, ce dernier apportera à long terme de la matière organique en se décomposant.

La plantation d'un rosier greffé en pot passe par les mêmes étapes que celle d'un rosier à racines nues, sauf pour l'étalement des racines et l'application d'engrais. Comme ils sont la plupart du temps en végétation, on évitera le plus possible de déranger leurs racines.

- Pour faciliter le dépotage, on fait tremper les pots dans un seau d'eau pendant quelques heures. Il peut aussi arriver qu'on doive découper certains pots.
- Pour ce qui est du niveau de plantation du point de greffe, on place le pot dans le trou et on ajuste le niveau de terre selon le point de greffe et non selon le bord du pot.
- On sort le plant de son pot et si les racines ont commencé à s'enrouler au fond, on doit les défaire délicatement et les étaler au fond du trou.
- On place le rosier au centre du trou, on comble les côtés avec la terre et on arrose abondamment (fig. 15).
- On finit de remplir de terre, on arrose, on ajoute l'engrais transplanteur

Fig. 15

qu'on mélange légèrement à la terre, on fait la cuvette, on arrose de nouveau et on place le paillis.

L'arrosage est très important lors des plantations surtout celle des rosiers en pot; parfois la motte est humide à l'extérieur et complètement sèche au centre. Si vous avez bien préparé vos plates-bandes et que votre sol et votre terreau se drainent bien, vous n'arroserez jamais trop et vos rosiers ne s'en porteront que mieux.

Lorsqu'on plante un rosier grimpant à racines nues ou en pot, ce sont les mêmes manipulations; cependant au lieu de le planter à la verticale, on l'inclinera vers son support tout en dirigeant les racines à l'opposé de ce dernier (fig 16).

Fig. 16

Pour un rosier sur tige, on plante un solide tuteur dans le trou, du côté des vents dominants (généralement nord-ouest) (fig.17). Si c'est un rosier sur tige qui est rustique (qui supportera les hivers sans protection), on suit les étapes de plantation précédentes. Si c'est un rosier sur tige qui est non rustique, installez d'abord dans le fond du trou un panier de broche solide (vendu dans les centres de jardinage pour faire des paniers suspendus) et continuez avec les étapes normales de plantation. Une motte solide se formera dans le panier, facilitant ainsi les

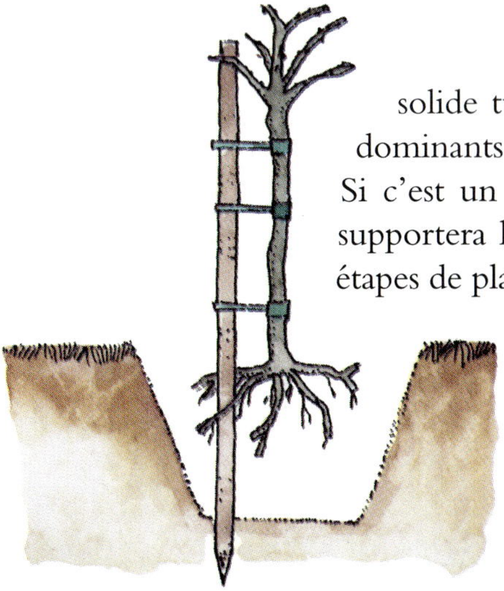

Fig. 17

manipulations à l'automne, lorsqu'on devra arracher le rosier pour le protéger de l'hiver.

Enfin, si vous voulez transplanter un rosier installé depuis quelques années, voici comment procéder pour ne pas trop le perturber.

Vous devez faire cette opération tôt au printemps, avant que les bourgeons apparaissent. Arrosez-le copieusement deux jours à l'avance. Puis, rabattez toutes les tiges à environ 30 cm , afin de compenser la perte de racines. Découpez la terre autour et en dessous du rosier pour obtenir une bonne motte. Transférez votre rosier à l'endroit prévu et plantez-le comme un rosier en pot au même niveau de plantation qu'à l'endroit où il était (à moins que ce niveau ne demande une correction, dans ce cas faites les ajustements nécessaires).

Avant de terminer ce chapitre sur la plantation des rosiers, un mot sur les rosiers non greffés. Ils se plantent de la même façon que les autres, mais en se servant du collet comme guide: celui-ci devrait être à environ 5 cm de profondeur (fig. 18).

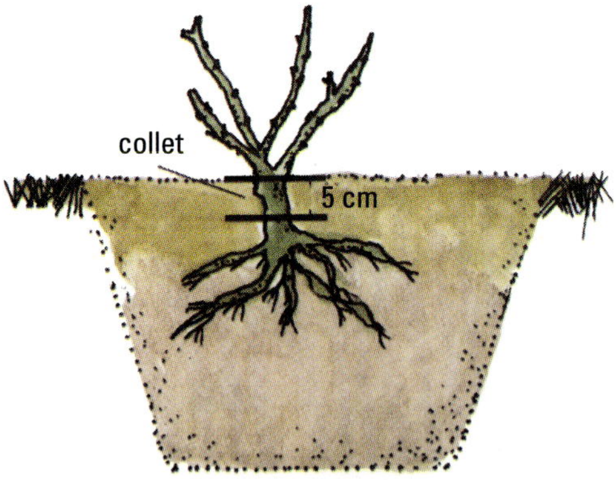

Rosier non greffé

Fig. 18

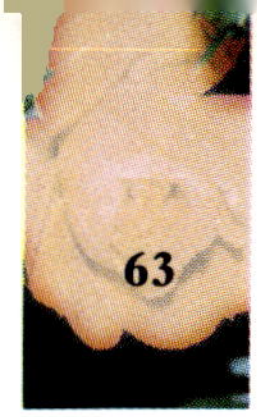

La *taille*

S'il existe une opération qui terrifie la plupart des personnes qui cultivent des roses, c'est celle de la taille. Celui ou celle qui a taillé des rosiers pendant des années sait à quel point c'est facile et comprend difficilement cette réaction.

La meilleure façon de commencer est peut-être d'expliquer pourquoi il faut tailler les rosiers; vous comprendrez alors plus facilement ce qu'il faut faire. Contrairement à la plupart des plantes ligneuses, les rosiers émettent de nouvelles pousses à partir de pratiquement tous les yeux (bourgeons) répartis sur chaque rameau. Si la plante n'est pas taillée, ces yeux donneront naissance à plus de ramifications que les racines ne peuvent en nourrir; les pousses resteront fines et porteront de petites fleurs de qualité médiocre ou même pas de fleurs du tout. Le but de la taille est de réduire le nombre d'yeux et par conséquent, le nombre de pousses. Celles-ci recevront une quantité plus importante d'éléments nutritifs et produiront des rameaux plus robustes et des fleurs plus belles sur un arbuste bien équilibré. En fait, on ne fait qu'accélérer un processus naturel car, dans la nature, le rosier émet de nouvelles pousses à partir de la base, jets qui porteront de meilleures fleurs que les anciens rameaux qui dépérissent graduellement. La taille constitue une étape importante de l'entretien, il est donc essentiel de l'effectuer parfaitement. Chaque rosier doit être taillé régulièrement et correctement selon la catégorie à laquelle il appartient.

- Il faut utiliser un sécateur propre et bien affûté pour effectuer des coupes franches et nettes. Veillez à son entretien régulier, en huilant l'articulation et en graissant la lame de façon à éviter qu'elle ne rouille. Avant la taille de chaque rosier, pour empêcher toute propagation de maladies, désinfectez la lame du sécateur avec de l'alcool à friction (alcool à 70 %).

- Une bonne paire de gants épais peut aussi être très utile.
- Vous devez couper la tige légèrement de biais, le plus près possible de l'œil pointant vers l'extérieur, en veillant à ne pas l'abîmer. On coupe environ à 0,5 cm au-dessus de l'œil (fig. 19). Le but de la taille effectuée juste au-dessus d'un bourgeon pointant vers l'extérieur est d'obtenir un arbuste qui s'étend. Dans un tel plant, les rayons du soleil pénètrent partout et l'air peut circuler librement.

Fig. 19

- La mœlle, à l'intérieur d'un rameau en bonne santé, est de couleur blanc crème. Si elle paraît brunâtre, taillez jusqu'aux bourgeons inférieurs jusqu'à ce que la mœlle soit blanche.
- Les principes de taille varient d'un rosier à l'autre, en fonction de la vigueur naturelle de la variété ou de l'espèce. Comme les grosses tiges solides et vigoureuses des rosiers reçoivent beaucoup de nourriture et supportent un grand nombre de pousses et de fleurs, les plants n'auront pas besoin d'être fortement taillés. Par contre, les tiges faibles, ne recevant que peu d'éléments nutritifs pour leur croissance, devront être taillées plus sévèrement de façon à réduire le nombre de pousses issues des bourgeons conservés. Cela fortifiera le bois de la base du rosier. Le principe est donc:
- plus une variété est vigoureuse, moins elle demande de taille; c'est ce qu'on appelle effectuer une taille longue.
- moins une variété est vigoureuse, plus elle

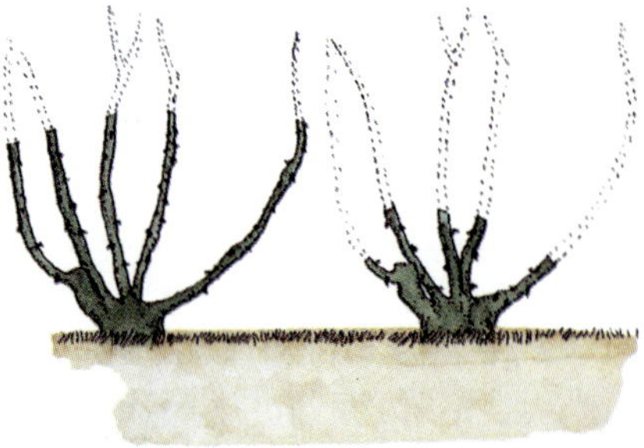

Taille longue Taille courte

Fig. 20

demande de taille: c'est ce qu'on appelle effectuer une taille courte (fig. 20).

- Taille longue: pour calmer les plus vigoureux, elle se fait à 5 ou 6 yeux en comptant à partir de la base.
- Taille courte: pour redonner de la vigueur aux plus faibles, elle se fait à 3 yeux en comptant à partir de la base. On effectue souvent cette taille chez les hybrides de Thé pour produire des roses d'exposition peu nombreuses, mais plus grosses et à longue tige (fig. 21).
- Il ne faut pas oublier que ces deux types de taille profitent non seulement aux tiges, mais à l'ensemble du plant; plus le rosier est faible, plus il devra être taillé court et plus il est robuste, plus la taille sera longue. Ceci demande du courage, mais c'est ce qu'il faut faire. S'il y a des tiges faibles d'un côté et de l'autre des tiges plus vigoureuses, en taillant court les tiges faibles et en taillant long les vigoureuses, vous augmenterez vos chances d'obtenir une plante équilibrée.

Taille longue = plus de fleurs, plus petites

Taille courte = moins de fleurs, plus grosses

Fig. 21

Suppression des fleurs fanées

Certains rosiers sont particulièrement décoratifs en automne avec leurs fruits rouge orangé, jaunes ou noirs. Si vous supprimez les fleurs fanées, vous manquerez ce spectacle. La plupart de ces rosiers ne fleurissent qu'une fois; ils n'ont donc pas besoin de toute leur énergie pour produire une seconde floraison et peuvent la consacrer à la formation de fruits. Certains rosiers arbustes et en particulier, les rosiers rugueux (Rosa rugosa), fleurissent presque continuellement jusqu'en automne, alors qu'ils produisent les plus beaux fruits. Ils ont cependant deux floraisons principales. La solution dans ce cas est de retirer les fruits après la première floraison. Les rosiers rugueux sont particulièrement vigoureux et ne souffriront pas de cet effort intensif.

Sur les rosiers remontants, on doit supprimer les fruits pour favoriser une nouvelle floraison.

Cueillette des fleurs

- Commencez par vous procurer les outils nécessaires: des ciseaux ou un sécateur propres, bien affûtés et une bonne paire de gants pour vous protéger des épines. Ensuite, il s'agit de trouver le bon endroit où effectuer la coupe.
- Il faut faire la coupe à environ 0,5 cm au-dessus de la première feuille à cinq folioles orientée vers l'extérieur; vous dirigez ainsi l'énergie de la plante vers le bourgeon dormant à la base de la feuille. Ce dernier recevant une quantité maximale de clarté solaire ne tardera pas à se développer en une tige qui, elle-même, finira par fleurir. Parfois, la quantité d'énergie dont la tige dispose stimule un deuxième œil, situé plus bas, et deux tiges à fleurs poussent à la place d'une seule (fig. 22).

Cueillette des fleurs

Fig. 22

- Pendant l'année qui suit sa plantation, le rosier a besoin de toutes ses feuilles, car elles lui permettent de se nourrir et elles l'aident à s'implanter. Pour ne pas l'affaiblir inutilement pendant cette période critique, on évitera de lui enlever une trop longue tige, quand on lui coupera une fleur.
- Pour les zones 2 à 5, il vaut mieux cesser de couper les fleurs de tous les rosiers vers le début septembre. En permettant le développement de graines dans l'ovaire de ses fleurs, on indique au rosier qu'il est temps de songer à dormir pour se protéger des froids.

L'éboutonnage

Alors que la taille contribue à maintenir ou augmenter la quantité de fleurs du rosier, une autre technique permet de contrôler la dimension des fleurs des hybrides de Thé et des variétés similaires. L'éboutonnage, c'est-à-dire l'ablation sur chaque tige de tous les boutons de fleurs sauf le terminal, concentre l'énergie de la plante dans les boutons qui restent. Il en résulte des fleurs moins nombreuses, mais plus grosses. L'éboutonnage se pratique quand les boutons sont encore tout petits (environ 0,5 cm de long). Ils sont alors si tendres que vous pouvez les couper avec les ongles. Cette technique est utilisée surtout pour obtenir des roses d'exposition (fig. 23).

Éboutonnage

Fig. 23

La taille de formation

Elle a pour but de tailler le rosier selon ses particularités. On limitera le nombre de tiges du rosier grimpant pour qu'il grimpe davantage, on taillera en forme de coupe évasée les buissons pour qu'ils soient plus aérés et on limitera la taille des rosiers botaniques pour qu'ils poussent naturellement. Ce type de taille se fait normalement à la plantation, mais elle peut être retardée jusqu'au printemps suivant.

La taille d'entretien

C'est la plus importante et on doit la faire avant le départ de la végétation et lorsque tout risque de gel est passé. Il est difficile de donner une date précise mais disons pour la zone 3, vers la fin du mois d'avril et encore là, tout dépend de la température.

La taille d'entretien doit s'effectuer sur tous les rosiers. En voici les trois principes de base: couper les branches mortes et malades, éliminer les tiges faibles ou trop fines et enlever les tiges qui s'entrecroisent, qui peuvent s'abîmer ou se nuire (fig. 24).

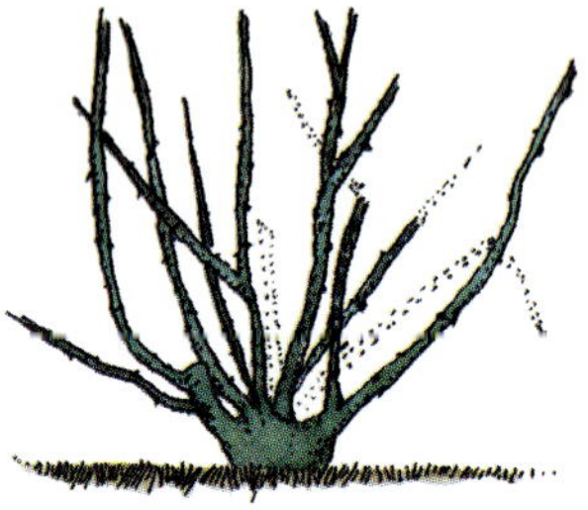

Taille des tiges mortes et cassées

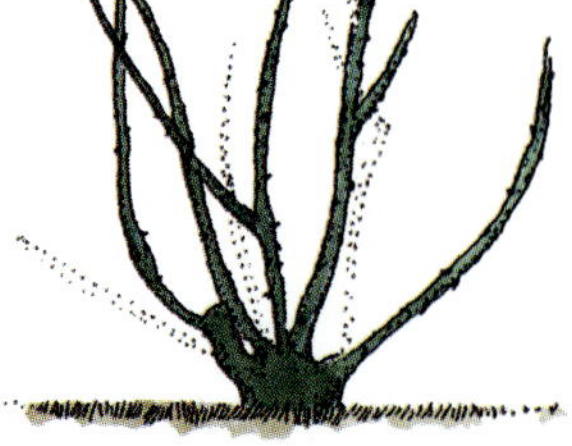

Taille des tiges faibles ou trop fines

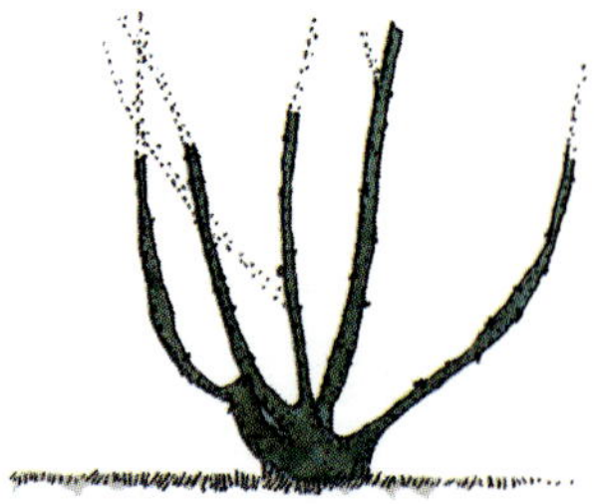

Taille des tiges entrecroisées

Fig. 24

La taille de rajeunissement

Les rameaux des rosiers buissons durcissent après deux ans, perdant ainsi de leur vigueur. Une taille de rajeunissement devra être faite tous les trois ans. Elle consiste à supprimer le vieux bois (âgé de plus de trois ans) pour favoriser la production de nouvelles pousses vigoureuses. Les rosiers arbustifs n'auront pas besoin d'être rajeunis aux trois ans, car leur bois vit plus longtemps. La taille s'effectuera dans ce cas tous les cinq ou six ans. Un rameau peut être épais et vigoureux et même paraître relativement sain, mais s'il ne porte que quelques ramifications chétives datant de l'été, il est manifestement à bout de souffle. Il peut, par ailleurs, être porteur de maladies et il vaut donc mieux le supprimer. Cette taille, comme son nom l'indique, favorise le développement de nouvelles pousses fortes, qui fleuriront abondamment (fig. 25).

Fig. 25

Taille de rajeunissement

Voyons maintenant comment on applique ces notions générales à chaque type de rosier:

Les arbustes botaniques, anciens et modernes

À LA PLANTATION

Ils seront taillés le moins possible pour leur laisser prendre leur forme naturelle. On élimine seulement les tiges faibles et brisées, et les chicots au-dessus des bourgeons. On veillera aussi à équilibrer l'ensemble du plant, en portant attention au rapport existant entre les racines et les tiges.

Au printemps

On procédera au nettoyage et à la taille d'entretien normale, c'est-à-dire qu'on enlèvera les tiges mortes ou malades, les tiges noircies ou cassées par le gel, celles qui s'entrecroisent, les fleurs et les fruits fanés restés sur le plant. C'est tout ce dont auront besoin les arbustes à floraison unique, car si vous les taillez trop, il ne produiront que quelques fleurs ou pas du tout.

Quant aux arbustes à floraison remontante, ils devront être rabattus du tiers de leur hauteur (si l'hiver ne s'en est pas chargé) pour favoriser la ramification. C'est aussi au printemps, quand ces arbustes auront atteint l'âge de cinq ou six ans, qu'on les rajeunira. On taillera alors au niveau du sol quelques vieilles branches, selon la vigueur des plants, pour laisser la place aux nouvelles tiges qui seront plus florifères.

À l'été

Pour les arbustes remontants, on éliminera seulement les fleurs fanées pour avoir plus de fleurs en fin de saison, même si pour certains rosiers, cela n'est pas nécessaire. Il ne faudrait pas oublier non plus que la plupart des rosiers arbustifs produisent des fruits très décoratifs à l'automne, les oiseaux s'en nourrissent et on peut en faire des gelées et confitures riches en vitamine C.

C'est après leur floraison unique en juillet, que les arbustes non remontants devront être taillés, c'est-à-dire rabattus du tiers de leur hauteur. On en profitera également pour aérer le centre du rosier en éliminant quelques vieilles tiges, toujours selon la vigueur du plant. Ils seront rajeunis à cette époque vers leur cinquième année.

À l'automne

Dans les zones climatiques froides comme en zone 3, c'est l'hiver qui, si on peut dire, s'occupe de cette tâche. On le constate au printemps suivant en découvrant les extrémités des tiges noircies par le gel. Alors, en automne, on se contentera seulement de tailler les tiges

brisées et d'enlever les pétales fanés des fleurs pour avoir des fruits. Cette période est très importante pour les rosiers car plus ils auront de feuillage pour permettre la photosynthèse, plus ils accumuleront de réserves pour la prochaine saison. Ils seront ainsi plus vigoureux et plus florifères.

Les buissons, hybrides de Thé, floribunda, grandiflora et miniatures

À LA PLANTATION

Les hybrides de Thé seront taillés court à 3 ou 4 bourgeons (yeux) comptés à partir de la base sur 3 tiges vigoureuses auxquelles on donnera une forme évasée.

Les floribunda et grandiflora seront taillés plus long à 4 ou 5 yeux sur 4 tiges fortes réparties aussi en forme de coupe.

Sur les rosiers miniatures, leur forme naturelle sera respectée par une taille légère et les tiges faibles et brisées seront éliminées.

AU PRINTEMPS

Les hybrides de Thé passeront par la taille d'entretien normale, puis seront taillés au-dessus du 4e bourgeon. Le nombre de tiges sera augmenté graduellement avec les années, selon la vigueur du plant.

Les floribunda et grandiflora ont besoin des mêmes soins que les hybrides de Thé, sauf qu'on taillera plus long, au-dessus du 5e œil.

Les rosiers miniatures nécessitent eux aussi qu'on les rabatte pour leur garder une forme compacte. Après la taille d'entretien, on éliminera 1/3 de la partie supérieure des rosiers ou plus selon les dommages hivernaux.

À L'ÉTÉ

Voici enfin le temps de se faire de beaux bouquets! La cueillette effectuée correctement (fig. 22), l'élimination des fleurs fanées et la taille des tiges brisées favoriseront une bonne remontée des fleurs.

À L'AUTOMNE

On cessera toute taille de ces rosiers pour les mêmes raisons que les rosiers arbustes. On coupera les fleurs fanées à seulement quelques centimètres sous la fleur, pour ne pas épuiser inutilement les plants, car ils devront être rabattus pour les protections hivernales. Ces rosiers sont cultivés davantage pour leurs fleurs que pour leurs fruits utiles seulement pour la reproduction.

Les grimpants

À LA PLANTATION

Qu'ils soient remontants ou non remontants, on ne gardera à la plantation que 2 ou 3 tiges robustes avec 5 ou 6 beaux bourgeons.

AU PRINTEMPS

La taille d'entretien s'applique également aux rosiers grimpants remontants et non remontants. Comme ils fleurissent sur le bois de l'année précédente, les rosiers à floraison unique ne seront pas taillés à cette époque de l'année. Par contre, sur les rosiers grimpants remontants, on conservera au maximum 5 à 7 tiges fortes, anciennes ou nouvelles. Ces tiges constituent la charpente de notre rosier grimpant et on les appelle justement branches charpentières. Ces dernières seront rabattues du quart ou du tiers. Taillez également toutes les branches latérales ou secondaires à 2 ou 3 yeux en partant de la branche charpentière. Ces tailles doivent être faites tous les ans pour favoriser la floraison. Également, on augmentera la floraison en palissant, durant leur développement, les tiges en éventail et le plus horizontalement possible (fig. 26). Après quatre ou cinq ans de culture, on pourra rajeunir notre grimpant en rasant au sol une charpentière devenue moins productive et en la remplaçant par une plus jeune (fig. 27).

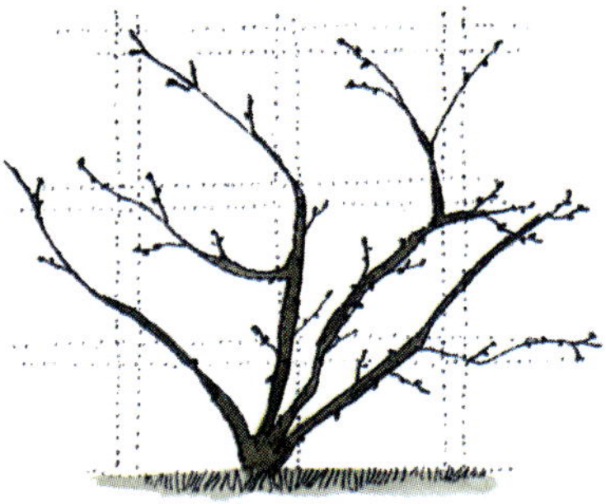

Palissage

Fig. 26

Rajeunissement d'une charpentière

Fig. 27

À L'ÉTÉ

Sur les grimpants remontants, on ne taillera que les branches brisées et les fleurs fanées pour favoriser la remontée.

C'est après leur floraison que les grimpants non remontants seront rabattus. On supprimera l'extrémité des branches charpentières du quart ou du tiers et on réduira à 2 ou 3 yeux les branches latérales qui ont fleuri. On peut aussi rabattre jusqu'au sol les vieilles charpentières moins productives et les remplacer par les nouvelles pousses basales très nombreuses sur ce type de rosier. Cette opération permet un rajeunissement plus fréquent que chez les rosiers grimpants remontants. Certains de ces rosiers vigoureux peuvent aussi avoir une fructification intéressante à l'automne, donc on peut remettre la taille de ces tiges au printemps suivant. Ça reste un choix!

À L'AUTOMNE

Aucune taille nécessaire, sauf celle des tiges brisées... laissons les rosiers accumuler des réserves! La taille des fleurs fanées ou des fruits se fera à quelques centimètres sous le calice.

Les rampants

Comme ils se rapprochent beaucoup des rosiers grimpants par leurs longues tiges vigoureuses (certaines variétés ou cultivars de rosiers grimpants peuvent être utilisés comme rampants), on se référera donc aux principes de taille de ces derniers. Cela concerne autant les rosiers rampants remontants (peu nombreux) que les rosiers rampants non remontants (plus nombreux).

Les rosiers sur tige

Ils seront taillés de la même façon que la variété greffée en tête. Si par exemple, il s'agit d'un floribunda, le rosier greffé sera taillé comme un rosier buisson de type floribunda (fig. 28). Si c'est un rosier grimpant qui a été greffé (rosier pleureur), il sera taillé comme tel.

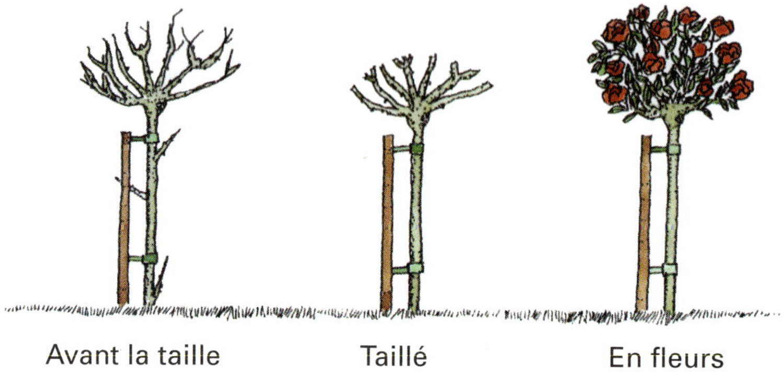

Fig. 28

Suppression des gourmands

- La majorité des rosiers qu'on achète aujourd'hui sont des rosiers greffés c'est-à-dire une combinaison de deux rosiers. Le rosier cultivé est greffé sur une racine de rosier botanique ou sauvage.

  Ces rosiers sauvages décident parfois de vivre leur propre vie au-dessus du sol. Ils émettent alors des pousses qui prennent naissance sur les racines. Ce sont les gourmands (fig. 29). Ceux-ci doivent être complètement supprimés, soit en les arrachant de la racine si l'on y parvient, ou en les sectionnant. Les tailler au niveau du sol ne servirait à rien; cela les rendrait encore plus vigoureux et encouragerait la formation de nouvelles pousses encore plus gourmandes. Si vous devez couper un gourmand, enlevez précautionneusement la terre qui l'entoure à l'aide d'une griffe à main jusqu'à ce que vous parveniez à sa base, en veillant à ne pas endommager les racines du rosier. Sectionnez le gourmand au niveau de la racine, là où il prend naissance. Replacez soigneusement la terre et tassez-la.

- Il n'est généralement pas très difficile de distinguer un gourmand d'une pousse de rosier, couleur et forme étant habituellement différentes. Le vert des feuilles sera différent et le nombre de folioles par feuille du gourmand est toujours supérieur à celui du rosier greffé. Si vous avez des doutes, vérifiez l'endroit où le rameau suspect prend naissance, car il le fait toujours sous le point de greffe.
- Mais, si votre rosier est sur ses propres racines donc, non greffé, vous pourrez récupérer ses gourmands, qu'on appelle plus justement dans ce cas-ci des drageons pour les replanter, puisqu'ils seront identiques au plant mère.

Fig. 29

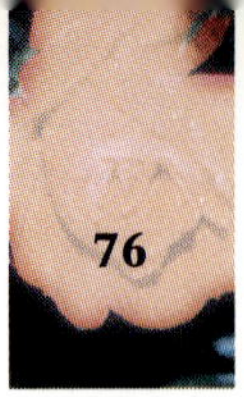

Les insectes et les *maladies*

Voyons maintenant un secteur de la culture des rosiers qui en décourage plusieurs. Contrairement à ce que l'on pense, les problèmes causés par les insectes et les maladies peuvent être minimisés en offrant aux rosiers des conditions répondant à leurs besoins (fig. 30). De toute façon, les insectes et les maladies existaient bien avant nous et qu'il s'agisse de culture de légumes, de fleurs ou d'arbres, ils n'ont jamais empêché la nature de se développer.

Besoins de base

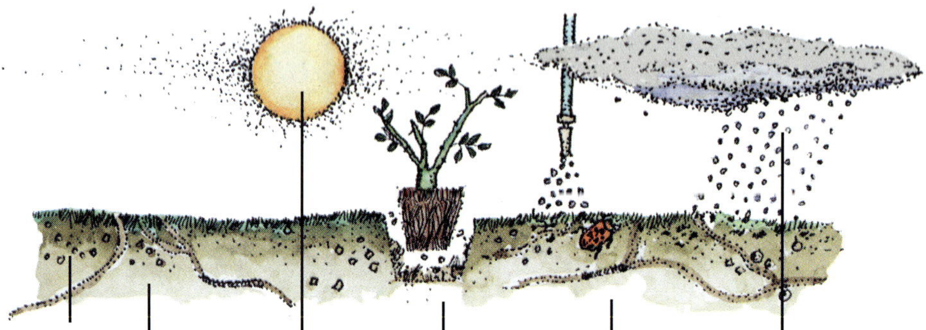

Fig. 30

Il ne faut pas paniquer à la vue de quelques insectes ou mauvaises herbes. L'environnement commence dans votre cour et il est naturel que des plantes indésirables ou des insectes tentent de s'y installer. S'ils causent peu de dommages, il faut tolérer leur présence; c'est simplement une question de bon sens. L'existence de quelques «indésirables» ne signifie pas que vous serez victime d'une infestation. Un niveau acceptable peut d'ailleurs être maintenu grâce à quelques trucs simples. Et bien souvent, des prédateurs naturels déjà présents, comme les oiseaux et certains insectes, peuvent aussi vous venir en aide (fig. 31).

Coccinelles (larves, adultes)		Dévorent les pucerons (plus de 50 par jour)
Vers de terre		Infatigables aérateurs du sol; importants transformateurs de matières organiques.
Araignées		Dévorent plusieurs insectes (papillons, moucherons, etc.).
Abeilles		Pollinisatrices de nos plantes (fruits, légumes et fleurs).
Oiseaux: hirondelles, mésanges		Consomment beaucoup d'insectes et de larves.
Chauve-souris		Grandes dévoreuses d'insectes; actives de nuit. Non! elles n'attaquent pas les humains.
Crapauds		Consomment des limaces, perce-oreilles, etc.

Fig. 31

L'épandage routinier de pesticides pour prévenir l'apparition de mauvaises herbes ou d'insectes indésirables peut équivaloir à prendre des médicaments au cas où l'on tomberait malade... Dans les deux cas, on ne peut qualifier cette approche de véritablement préventive.

Tout comme les humains, les plantes sont toujours plus vulnérables quand elles sont placées dans de mauvaises conditions. Les infestations d'insectes ou l'apparition de maladies sonnent l'alarme, révélant un stress dû bien souvent à un aménagement ou à un entretien inadéquats.

La solution facile est d'utiliser des pesticides pour atténuer momentanément le problème. Toutefois, la durée de leur efficacité est limitée. Si vous voulez résoudre le problème à sa source et de façon plus permanente, il est préférable en premier lieu, d'adopter une approche préventive.

Le respect de certaines conditions fondamentales est nécessaire. La première à observer pour aider votre plante est sans doute d'avoir un sol fertile contenant suffisamment de matière organique pour conserver le milieu bien vivant. Pourront alors s'y retrouver de nombreux organismes utiles comme les bactéries, les insectes ou les vers de terre, essentiels au maintien de la fertilité du sol.

La prévention nécessite certes de meilleures connaissances de votre part et peut-être un peu plus de votre temps au début. Toutefois, la satisfaction que vous retirerez de vos plantes et de vos aménagements en sera accrue et votre environnement ne s'en portera que mieux.

Il est possible d'avoir des plantes en santé sans toujours avoir recours à une panoplie de produits chimiques. Il suffit de suivre quelques règles de base:

- sélectionner un rosier rustique reconnu pour sa résistance aux maladies;

- fournir au rosier un emplacement adéquat (soleil et aération) et lui apporter tout ce dont il a besoin (amendements et eau) pour un bon départ lors de la plantation;
- entretenir le rosier le mieux possible (taille, arrosage, paillis) et le fertiliser selon ses besoins avec du fumier ou du compost.

Mais malgré tous vos bons soins, attendez-vous quand même à recevoir quelques visiteurs indésirables pendant la saison.

Les insectes

Les pucerons

Si vos rosiers sont attaqués par des insectes, il y a de fortes chances qu'ils le soient par des pucerons. Ces insectes suceurs raffolent des jeunes pousses tendres. Ils sont minuscules, généralement verts et sécrètent du miellat, un liquide poisseux. Habituellement, on s'en débarrasse avec un fort jet d'eau ou en les écrasant entre le pouce et l'index.

Il existe aussi un moyen biologique de les contrôler: encourager la présence de leurs prédateurs. Lorsque les pucerons commencent à se multiplier dans le jardin au printemps, leurs ennemis personnels, les coccinelles, arrivent en même temps. Elles pondent leurs œufs dans la colonie de pucerons pour que leurs larves puissent trouver sur place leur nourriture de base. C'est pourquoi il est important de tolérer les pucerons durant une quinzaine de jours jusqu'à l'éclosion des larves de coccinelles. Elles sont de forme allongée, de couleur noire ou gris-bleu foncé avec des points jaunes et des verrues poilues; chacune d'entre elles dévore entre 200 et 600 pucerons durant les 20 jours de son développement. Si vous favorisez l'établissement des coccinelles dans votre jardin, un équilibre s'établira entre elles et les pucerons et vos rosiers en bénéficieront. Si vos rosiers poussent dans un sol léger et sec, vous verrez peut-être des fourmis s'agiter autour des pucerons. C'est qu'elles les protègent contre leurs prédateurs car elles raffolent du miellat qu'ils sécrètent. Un bon paillis épais gardant le sol bien humide devrait les inciter à installer leur colonie ailleurs, car elles préfèrent vivre dans les endroits secs et bien drainés. Parmi les autres prédateurs des pucerons, il faut nommer les araignées et les chrysopes. Les araignées sont très utiles dans un jardin et on devrait toujours les protéger. Quant aux chrysopes, ce sont de petits insectes allongés verts ou parfois bruns, avec de grandes ailes transparentes formant, au repos, un toit au-dessus de l'abdomen. Leurs yeux brillants sont de couleur dorée et ils possèdent de grandes antennes. Les larves, très actives, sont gris jaunâtre avec trois paires de pattes et de petites verrues poilues sur les côtés; elles aussi, tout comme les larves de coccinelles, dévorent leur quota de pucerons et d'insectes nuisibles durant les 18 jours de leur développement.

Voici d'autres indésirables avec les signes de leur présence sur les rosiers et le moyen de les éliminer sans insecticide:

Les acariens

- Ces petits animaux à huit pattes, du type araignée, ont à peu près la dimension d'un grain de paprika et parfois sa couleur, bien qu'ils puissent aussi être verts ou jaunes.
- Ils sévissent par temps chaud et humide dans les endroits où l'air circule mal. Ils s'attaquent aux rosiers en suçant leur sève, en particulier celle des feuilles, ce qui donne un feuillage pointillé de rouge, de jaune, de gris ou de brun. De plus, ils tissent souvent des toiles qui tapissent le dessous des feuilles.
- S'ils sont peu nombreux, faites-les tomber avec un jet d'eau. Le nettoyage du jardin, au printemps et à l'automne, prévient leurs attaques.

Les chenilles

- Parmi les chenilles qui se nourrissent de rosiers, citons le ver du bourgeon, insecte verdâtre ou orange blanchâtre, long d'environ 12 mm, et le «lieur de feuille», vert pâle, long d'environ 18 mm.

- À la fin du printemps, ces types de chenilles pénètrent dans les boutons de fleurs pour se nourrir; elles s'enroulent aussi dans des feuilles, puis les perforent en les dévorant.
- Enlevez et détruisez les boutons ou les touffes de feuilles atteints.

Les mégachiles

- Aussi appelées «abeilles coupeuses de feuilles», elles ressemblent à une grosse abeille domestique; elles se servent des fragments de feuilles qu'elles découpent dans le feuillage pour construire leur nid dans la terre sèche ou dans des tiges végétales creuses.
- Elles découpent au bord des feuilles de rosiers des morceaux circulaires ou semi-circulaires.
- Elles ne nuisent pas vraiment aux rosiers.

Les tenthrèdes

- On trouve ces petites larves vert pâle, appelées aussi «mouches à scie», généralement sous les feuilles.
- Elles mangent le limbe et ne laissent que les nervures des feuilles.
  L'invasion commence début juin.
- Enlevez et brûlez les feuilles atteintes.

Les cochenilles

- Plusieurs variétés de cet insecte suceur s'attaquent aux rosiers. Certaines ressemblent à des points gris ou bruns, d'une taille inférieure à 3 mm; d'autres ont l'air de minuscules coquillages d'un blanc sale, d'environ 6 mm de diamètre.
- Elles sucent la sève des feuilles et des tiges, ce qui provoque le flétrissement du rosier.
- Supprimez les tiges atteintes.

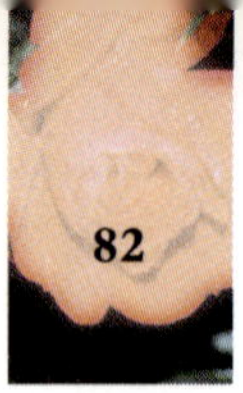

Les thrips

- Ces minuscules insectes suceurs ont un corps mince, jaune orangé ou jaune brunâtre, et des ailes velues.
- Les thrips attaquent le tissu des fleurs, des tiges et du feuillage. Ou bien les boutons ne peuvent pas s'ouvrir du tout, ou bien ils ne s'ouvrent que partiellement; les pétales endommagés brunissent sur les bords. Ces insectes sont attirés surtout par les roses jaunes et les roses de couleur claire.
- Enlevez les fleurs et les boutons atteints et installez des pièges collants de couleur jaune.

Le rosier n'est pas particulièrement vulnérable aux ravageurs et dans l'ensemble, il est capable de supporter la plupart d'entre eux. Les ravageurs constituent davantage un problème dans le cas où l'on cultive de nombreux rosiers dans un même espace. On entend beaucoup parler de traitements élaborés, mais ils ne sont pas toujours essentiels. L'important est de commencer les traitements suffisamment tôt. Avec les insectes, les problèmes commencent lentement; si l'on peut les arrêter à un stade précoce, le traitement sera beaucoup plus rapide et plus efficace.

Les maladies

Avant de commencer à traiter un rosier pour ce qui nous semble être une maladie, interrogeons-nous d'abord sur les soins qu'on lui a prodigués. Peut-être souffre-t-il d'un déséquilibre dans son alimentation provoquant une maladie de carence (éléments nutritifs insuffisants dans le sol)? N'oublions pas non plus que le pH du sol peut avoir des conséquences sur l'assimilation des minéraux par le rosier (fig. 32).

Assimilation des minéraux selon le Ph du sol

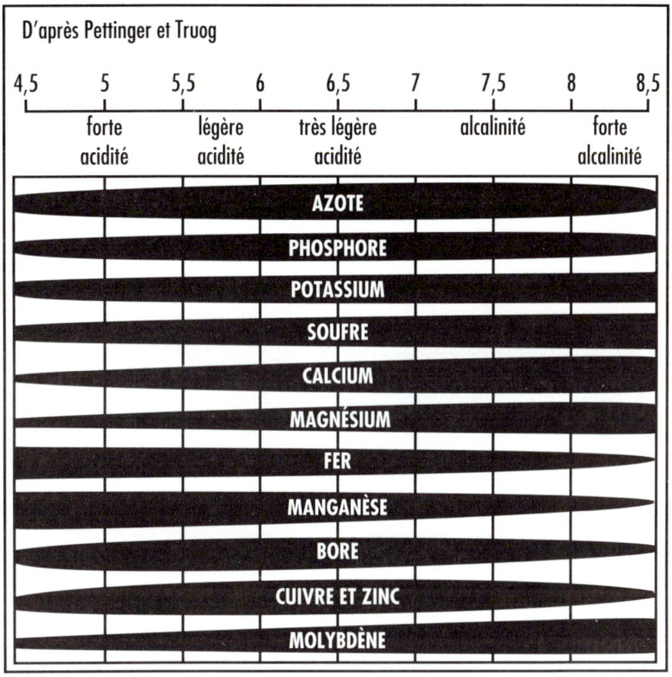

Fig. 32

Maladies de carence

Un manque d'azote modifie la couleur du feuillage qui devient vert pâle ou jaunâtre et entraîne l'apparition de taches rouges sur les tiges et les nervures.

Un manque de magnésium porte particulièrement préjudice à la floraison et se traduit sur les feuilles par un jaunissement du limbe entre les nervures qui, elles, restent bien vertes.

Une carence en phosphore porte aussi préjudice à la floraison; le feuillage reste vert foncé, mais les feuilles se dessèchent en fin de végétation sans jaunir.

Une carence en potassium entraîne la nécrose des feuilles qui se caractérise par un brunissement du bord des feuilles, lesquelles ont alors tendance à se friper.

On voit encore une fois l'importance d'avoir un sol équilibré et bien pourvu en nourriture. Il est donc important de faire analyser son sol tous les deux ou trois ans et tous les ans pour le pH. On pourra ainsi mieux corriger ses carences en suivant les recommandations fournies avec les résultats d'analyse.

Regardons maintenant quelques «vraies» maladies pour savoir d'où elles viennent, comment les reconnaître, comment les prévenir et les éviter.

Le Marsonia (tache noire) et l'Oïdium (le blanc)

Ce sont les deux principales maladies cryptogamiques (causées par des champignons microscopiques). Les spores des champignons de la tache noire se développent par temps chaud, ceux du blanc le font par temps frais. La tache noire apparaît d'abord sur les feuilles de la base où se forment des taches foncées; les feuilles jaunissent autour de ces taches, puis entièrement, ce qui entraîne leur chute prématurée. Quant au blanc, il prend l'apparence d'une couche gris pâle d'aspect farineux qui se forme sur les feuilles, les boutons, les fleurs et les jeunes pousses. Ces maladies se développent plus facilement par temps pluvieux car les spores des champignons ont besoin de séjourner six ou sept heures dans un milieu humide pour germer. C'est la raison pour laquelle on recommande de ne pas mouiller le feuillage des rosiers lors des arrosages.

Il faut enlever et détruire toutes les feuilles malades immédiatement. Il faut alors appliquer des conditions d'hygiène strictes, le champignon pouvant hiverner sur les feuilles malades laissées à même le sol ou sur des lésions de rameaux. Les spores des champignons sont transmises par le vent, les insectes, le contact d'outils ou de vêtements

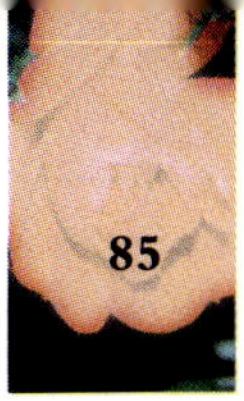

contaminés ou par des éclaboussures d'eau. C'est pourquoi il est recommandé de tremper ses outils dans l'alcool ou l'eau de Javel lorsqu'on travaille sur des rosiers malades. Certains rosiers sont plus sensibles que d'autres aux maladies cryptogamiques; informez-vous auprès de votre vendeur.

D'autres maladies moins fréquentes peuvent aussi apparaître à l'occasion sur les rosiers; en voici quelques-unes:

L'anthracnose

- Des taches blanches, bordées de rouge foncé, se développent sur les feuilles; ces taches finissent par jaunir et les feuilles, criblées de trous, tombent. Sur les tiges apparaissent aussi des plaques brunes, saillantes, plus pâles au centre. Ce champignon survit à l'hiver dans les taches, en produisant des spores que la pluie dissémine au printemps.
- Taillez au printemps les tiges atteintes.

La rouille

- Des pustules orange rougeâtre, ressemblant à des verrues, apparaissent au revers des feuilles qui ne tardent pas à se flétrir et à tomber. En automne, les spores noircissent, résistent à l'hiver et commencent un nouveau cycle au printemps.
- Enlevez et brûlez les parties atteintes. Espacez les pieds pour permettre à l'air de bien circuler. Évitez de mouiller le feuillage plus qu'il n'est nécessaire.Vérifiez le potassium du sol.

Le chancre

- Des lésions sombres ou des zones nécrosées apparaissent d'abord sur les pousses; elles sont dues à des champignons qui pénètrent par les blessures de la taille (surtout lorsqu'on taille trop au-dessus des yeux, en laissant des chicots morts), ainsi que par les soudures de greffe et par les endroits où des épines ont été arrachées. Les chancres encerclent souvent les tiges de taches brunes, ce qui interrompt l'afflux des substances nutritives et provoque la mort des feuilles et des fleurs.

- Étant donné que le chancre prospère dans les tissus moribonds tels que les chicots laissés par la taille, coupez toujours les tiges près d'un œil ou d'une feuille. Coupez et brûlez les tiges atteintes de chancre. Un sécateur infecté peut propager le chancre d'un rosier à l'autre; entre les coupes, trempez-le dans un désinfectant comme l'alcool à friction.

La prévention reste sans contredit la meilleure solution. Des rosiers plantés dans un sol riche et qui bénéficient de beaucoup d'espace, d'eau et de soleil, seront rarement malades.

Après cette courte évocation des problèmes éventuels, il faut insister sur le fait qu'on ne doit pas envisager la culture des rosiers comme une bataille continuelle contre les maladies et les ravageurs. Il ne faut traiter que lorsqu'il existe réellement un problème. C'est une des raisons pour lesquelles nous n'avons pas parlé des pesticides chimiques, qui pourront être utiles dans le cas d'infestations majeures. Si cela vous arrivait, vous pourriez toujours vous rendre dans un centre de jardinage et demander conseil au vendeur qui vous recommandera un des nombreux produits spécifiques à votre problème. N'oubliez pas qu'il faut bien lire les étiquettes de ces produits, car de nombreux pesticides sont toxiques pour les humains et les animaux. D'autres sont d'un usage dangereux à proximité des plans d'eau, et néfastes pour les abeilles, les oiseaux et la faune aquatique. Il existe des mélanges maison sans danger et tout aussi efficaces s'ils sont appliqués au bon moment (annexe III).

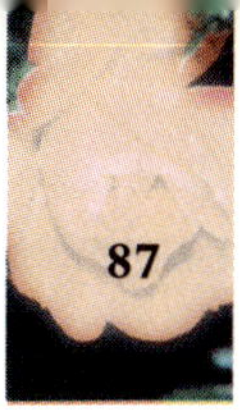

La protection *hivernale*

Les protections hivernales ne seront pas nécessaires en zone 3 si on a sélectionné des variétés résistantes et rustiques pour cette zone. Mais, si on s'est laissé tenter par des rosiers de zones 4 et 5, buissons grimpants (hybrides de Thé, floribunda) ou arbustes (rosiers anglais), on devra les protéger soit en les buttant, en installant des cônes à rosiers ou des toiles isolantes.

Il faut d'abord s'assurer que les rosiers ont acquis un degré d'endurcissement (aoûtement) maximal. Comme on l'a vu au chapitre sur la rusticité, ce niveau d'endurcissement est grandement influencé par les pratiques culturales de fin de saison (taille, fertilisant, arrosage, etc.). De plus, il est indispensable que les rosiers soient exposés pendant un certain temps à des températures situées sous le point de congélation (de 0 à –5 °C) pour permettre un meilleur aoûtement.

Une façon de savoir si vos rosiers ont bien terminé leur cycle et sont prêts à hiverner, c'est de regarder si des bourgeons se sont formés sur les tiges à la base des feuilles. Ce n'est que lorsque le sol commence à durcir à cause des gels successifs, qu'il est temps de protéger vos rosiers, sans risquer de les voir pourrir à cause d'une protection trop hâtive.

Avant de décrire les modes de protection, il est bon de rappeler qu'en plus des pratiques culturales adéquates fournies au cours de la saison, il est nécessaire, en zone 3, de respecter le niveau de plantation du point de greffe (10 cm au moins). Rappelons également que grâce à son pouvoir isolant, la neige constitue la meilleure protection pour toutes les plantes. On favorisera donc le plus possible son accumulation autour des rosiers, même sur les cônes et les toiles.

Voyons maintenant les protections nécessaires aux rosiers et les étapes à suivre.

Pour les rosiers buissons, hybrides de Thé, floribunda, grandiflora

- Rabattez les tiges à environ 30 cm de hauteur;
- ramassez et éliminez toutes les feuilles et les déchets de la taille;
- attachez, si nécessaire, les tiges ensemble;
- si le sol est bien gelé, buttez sur 15 à 20 cm de hauteur la base du rosier avec de la terre (il faut l'apporter et non la gratter autour du rosier, ce qui brise les racines et les expose au froid) ou de la tourbe de mousse de sphaigne;
- installez un cône à rosier et faites quelques trous au sommet pour permettre un peu d'aération;
- solidifiez le cône avec un poids (brique, roche) sur le dessus et un peu de terre autour de la base (fig. 33).

Protection des rosiers buissons

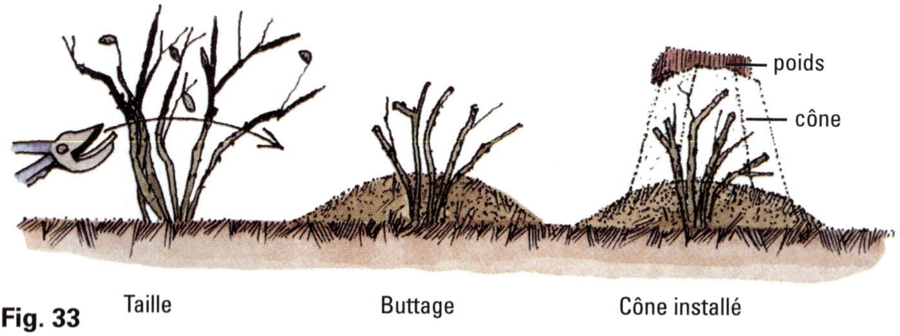

Fig. 33

Note

À la Roseraie du Témiscouata, des rosiers floribunda et des rosiers anglais résistent aux hivers avec comme seule protection un buttage de 15 cm de terre sans être taillés. D'autres tests avec les hybrides de Thé et les rosiers grandiflora sont en cours.

Pour les miniatures

- Éliminez le plus possible les feuilles mortes sur les tiges et au sol;
- buttez avec de la terre ou de la tourbe de mousse de sphaigne sur 30 cm de hauteur.

Pour les rosiers grimpants

Qu'ils soient remontants ou non remontants, les rosiers grimpants sont pour la plupart rustiques en zone 5. Par conséquent, ils doivent être couchés au sol, si on veut qu'ils conservent leurs longues tiges. On les protège par des toiles protectrices qu'on peut facilement trouver dans les commerces. Ces toiles, plastifiées sur un ou deux côtés, seront déposées sur de la broche à poule fixée sur des piquets de bois enfoncés dans la terre autour des rosiers. Si on utilise une toile protectrice non plastifiée, on installera également un polythène blanc opaque.

- Détachez le rosier grimpant de son support;
- défoliez le rosier et éliminez toutes les feuilles tombées à sa base;
- attachez ensemble les tiges du grimpant (fig. 34);
- couchez délicatement les tiges le plus près possible du sol en formant un arc pour éviter de les casser près de la base. Retenez les tiges au sol à l'aide de piquets plantés en croix;
- enfoncez des piquets autour du rosier en évitant les racines et recouvrez la structure de broche à poule (fig. 35);

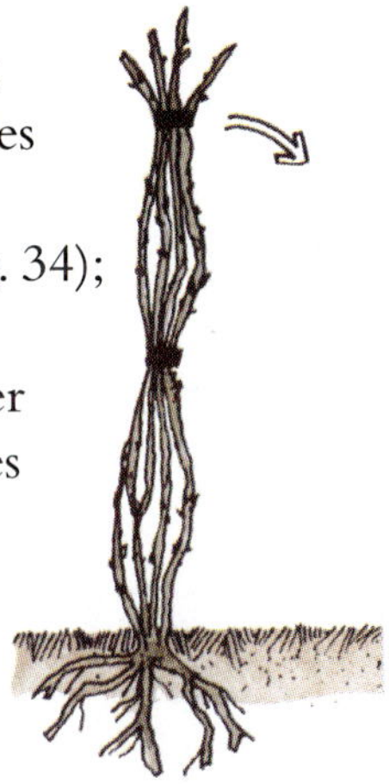

Fig. 34

Fig. 35

• installez la toile isolante, le côté plastifié vers l'extérieur, sur toute la structure en la laissant dépasser sur le sol; si vous avez utilisé une toile non plastifiée, installez et fixez votre plastique blanc opaque, puis fixez le tout avec des piquets, des poids ou de la terre (fig. 36).

Fig. 36

Remarque:

Vous pouvez également, si vous avez de la place, utiliser l'ancienne méthode tout aussi efficace. Suivez d'abord les trois premières étapes, puis:

• arrachez complètement mais soigneusement le rosier grimpant de son emplacement;
• enfouissez-le dans une tranchée que vous aurez préparée à l'avance et qui aura une profondeur de 60 à 90 cm (fig. 37).

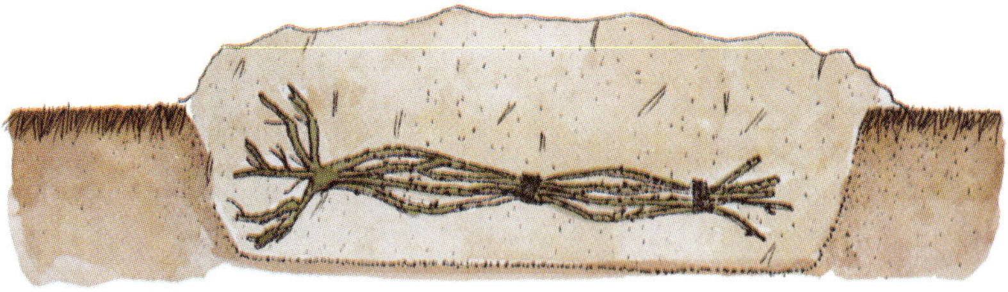

Fig. 37

Au sujet des rosiers grimpants de la série Explorateur de plus en plus populaires, on a intérêt, en zone 3, à les détacher de leur support et à les coucher au sol, si on veut conserver les tiges les plus longues; ces tiges gèlent si elles ne sont pas recouvertes par la neige.

Pour les rosiers sur tige

S'ils ne sont pas rustiques en zone 3, ils doivent être traités de la même façon que les rosiers grimpants (fig. 38). Cependant, il faudra, pour les coucher sans casser la tige rigide, arracher les racines sur un côté.

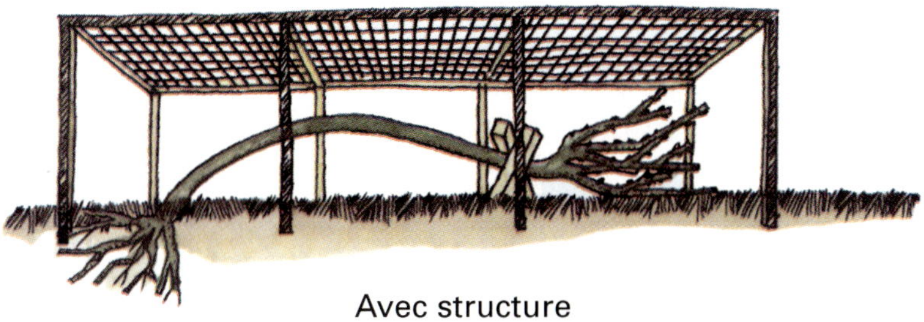

Avec structure

Avec structure et toile

Ancienne méthode

Fig. 38

Pour les rosiers arbustes

La plupart des rosiers arbustifs ne demandent aucune protection en autant qu'ils soient dans une zone appropriée. On recommande toutefois un léger buttage pour les aider à passer leur premier hiver. Ce buttage est essentiel si vous avez planté des rosiers d'une zone de rusticité supérieure à la vôtre. Avec les années, vos arbustes prendront de l'ampleur et le poids de la neige pourrait causer des dommages; on pourra alors simplement lier les tiges ou entourer les rosiers d'une clôture à neige.

Quand doit-on enlever les protections hivernales?

La grande question! Il faut résister à la tentation de les enlever trop tôt. Il faut être patient, car c'est à cette époque que les rosiers se désendurcissent et deviennent très sensibles au vent et aux gelées printanières. Aussi, vaut-il mieux laisser les protections en place jusqu'à ce que les grands froids soient passés, ce qui peut varier d'une région à l'autre. On doit enlever les protections graduellement. On profite des journées nuageuses pour enlever les cônes et ouvrir les extrémités des toiles; on peut même les enlever complètement. Mais, la nuit, on remet le tout en place pour éviter les trop grandes variations de température. Les jours de soleil intense, on laisse les protections en place tout en assurant une aération. Il faut aussi éviter de marcher dans les plates-bandes, car le sol gorgé d'eau se compacte facilement.

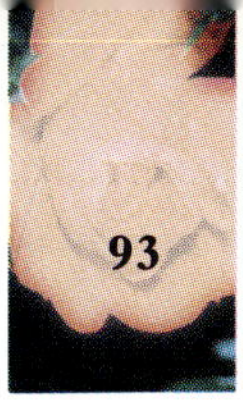

La *multiplication*

Le moyen le plus pratique de multiplier ou de remplacer ses rosiers est encore d'acheter de jeunes plants dans une pépinière. Mais, il peut être plus plaisant (et rentable) de procéder soi-même à la reproduction de ses roses préférées et d'en retirer bonheur et fierté. Voici donc trois méthodes de multiplication des rosiers, accessibles aux jardinières et aux jardiniers amateurs: le semis, le bouturage et le marcottage. Deux autres méthodes, plus complexes, sont réservées aux spécialistes: le greffage et la multiplication *in vitro*.

Le semis

La rose est une fleur hermaphrodite, c'est-à-dire qu'elle peut s'autoféconder; les étamines (organes mâles) générant le pollen se situent juste au-dessus du pistil. Sans autre intervention que celle du vent secouant la fleur, le pollen peut donc tomber sur le pistil (organe femelle), le féconder et permettre à de nouvelles graines de se développer dans l'ovaire (fig. 39). Sur un rosier botanique, par exemple, les fleurs ainsi fécondées donneront des graines qui produiront elles-mêmes des sujets parfaitement conformes au pied mère.

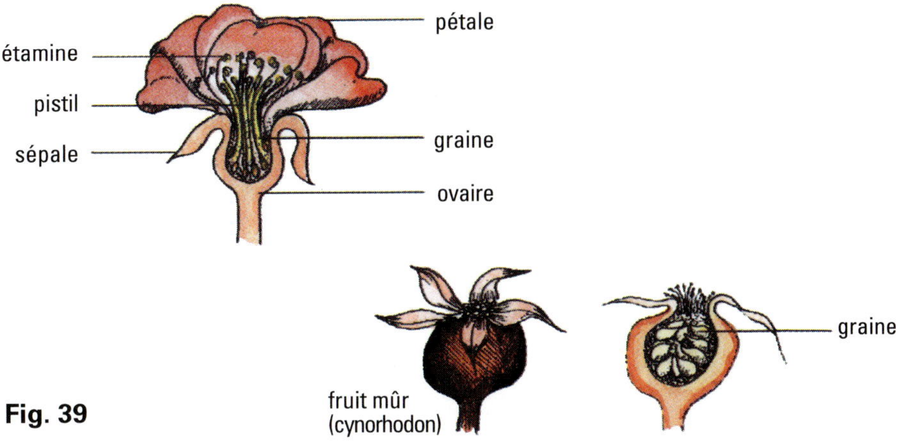

Fig. 39

Par contre, si vous semez des graines provenant d'un rosier moderne, comme celles d'un hybride de Thé par exemple, attendez-vous à des surprises! Ces rosiers sont le résultat de plusieurs hybridations. Vous n'obtiendrez souvent que des plants chétifs très différents de la plante mère ou même, vous n'obtiendrez pas de plant du tout.

Il peut arriver, comme dans le cas des hybrideurs modernes, que vous obteniez un rosier avec un potentiel commercial; mais, c'est comme à la loterie, vous avez environ une chance sur 20 000 que cela se produise... La multiplication par semis se fait surtout pour la production de porte-greffes.

Les fruits doivent être récoltés quand ils sont bien mûrs, c'est-à-dire lorsque la pulpe commence à ramollir. Ensuite, les graines doivent être séparées de la pulpe et bien lavées. Dans le cas où l'on désire faire un semis printanier, les graines doivent être stratifiées (elles doivent passer par une période de froid pour pouvoir germer) pendant quatre mois. Elles sont ensuite placées dans la tourbe de mousse de sphaigne humide à une température de 5 °C. Après la levée des graines, laissez se développer les jeunes rosiers, puis étêtez-les afin qu'ils se ramifient convenablement. Lorsque vous les sentez bien vigoureux, repiquez-les dans des godets, de préférence en tourbe. Il ne reste plus ensuite qu'à les repiquer directement en pleine terre. La meilleure méthode consiste cependant à semer à l'automne. Le semis se fait directement en terre. Une stratification naturelle aura lieu durant l'hiver et les semences germeront au printemps.

Le bouturage

Cette méthode consiste à prélever un fragment de rameau et à le faire enraciner. Les rosiers miniatures, les rosiers grimpants, les rosiers floribunda et les rosiers arbustifs se prêtent bien à cette technique de propagation. Les boutures d'hybrides de Thé donnent des plants difformes et sans vigueur. Les plants bouturés et enracinés seront «francs de pied». Cette technique donne des plants identiques au plant mère.

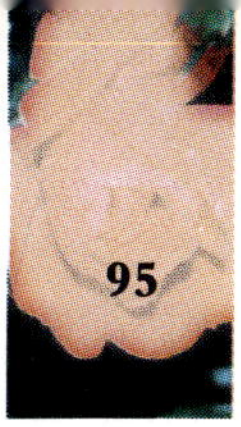

• Prélevez des boutures semi-aoûtées sur des pousses de l'année, en juillet-août. Elles auront 20 cm de longueur et n'auront que deux feuilles complètes à cinq folioles dans la partie supérieure de la bouture. La base de la bouture sera coupée juste en dessous d'une feuille pour conserver l'œil. La bouture aura en moyenne quatre yeux (fig. 40);

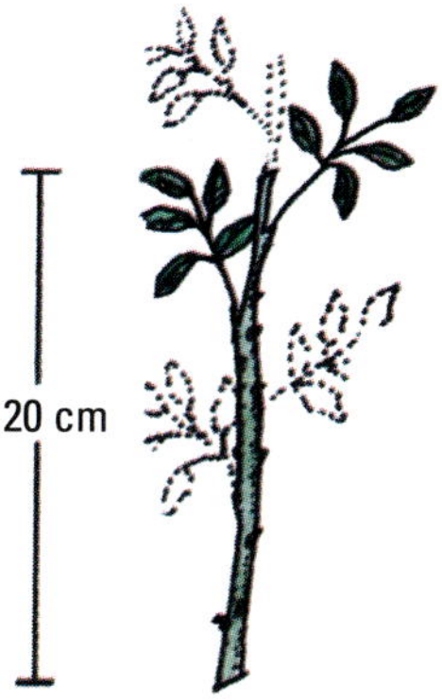

Fig. 40

Fig. 41

• trempez la base de la bouture dans l'eau, puis dans la poudre d'enracinement n° 2 (vendue dans les centres de jardinage). Secouez pour enlever l'excédent de poudre (fig. 41);

• plantez les boutures dans un pot ou une caissette remplis d'un mélange composé, en proportion égale de tourbe de mousse de sphaigne et de sable, préalablement humidifiés. Les boutures auront, si possible, les deux yeux inférieurs dans le terreau. On ne verra que les deux feuilles supérieures;

• aspergez les boutures plantées avec un fongicide. Couvrez le récipient d'un s plastique pour conserver l'humidité. Pour éviter les problèmes causés par les champignons, ouvrez le sac de temps à autre pour aérer (fig. 42);

Fig. 42

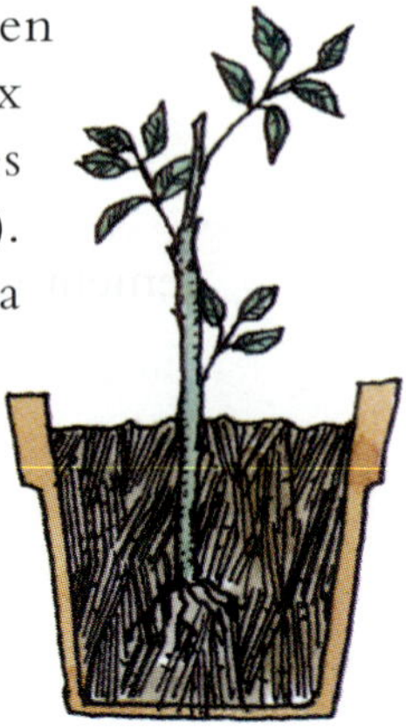

- placez les boutures dans un endroit bien éclairé. Évitez le soleil direct. Au bout de six semaines environ, de petites radicelles apparaîtront à la base des boutures (fig. 43). Lorsque de nouvelles pousses sortent à la jonction des deux feuilles, transplantez les boutures dans des petits pots de tourbe de 7 à 8 cm de hauteur. Placez-les dans un endroit ombragé à l'extérieur et vaporisez le feuillage deux fois par jour. Les jeunes plants s'habitueront à l'air ambiant. À l'arrivée de l'hiver, protégez-les en enterrant les pots dans le jardin. Au printemps suivant, plantez-les en pleine terre.

Fig. 43

Le marcottage

Cette technique est assez comparable à la précédente, mais la tige que l'on fait enraciner n'est pas immédiatement séparée du plant mère. Les chances de reprise sont donc plus importantes. Ce n'est pas avec tous les rosiers que l'on peut faire du marcottage. Il faut des pousses vigoureuses et assez souples pour être couchées au sol. On obtient évidemment avec cette méthode des reproductions identiques au plant mère.

- Au printemps, couchez la tige sur laquelle vous avez effectué une entaille de 1,0 à 1,5 cm juste en dessous d'un œil. Cette entaille sera maintenue ouverte à l'aide d'un cure-dents (fig. 44);

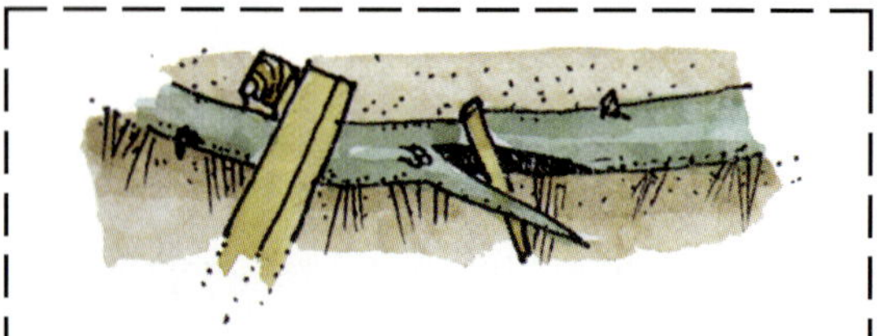

Fig. 44

• maintenez la section de tige entaillée dans le trou à l'aide d'un morceau de bois en forme de Y. Enterrez-la complètement, tassez la terre tout autour et arrosez généreusement (fig. 45);

Fig. 45

• le printemps suivant, avant le débourrement, coupez la tige couchée à l'endroit où elle entre dans le sol et à la base du nouveau plant enraciné (fig. 46).

Fig. 46

Prélevez le nouveau rosier enraciné et plantez-le à l'endroit désiré (fig. 47).

Fig. 47

Le greffage

En raison de sa fiabilité, les professionnels utilisent principalement cette technique de reproduction. Il ne faut pas cacher que le greffage reste une technique délicate et la réussite est loin d'être garantie pour qui manque de pratique (fig. 48). Il existe de nombreux volumes spécialisés qu'on pourra consulter si on désire essayer cette technique compliquée. Mais la meilleure façon de l'apprendre est d'aller sur le terrain avec une personne compétente. On se contentera donc ici d'en donner le principe.

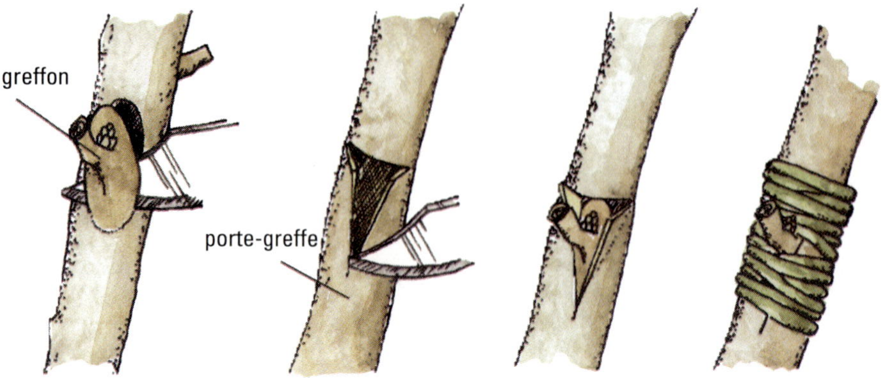

Fig. 48

Le greffage consiste à unir deux végétaux pour multiplier l'un en reproduisant ses caractères propres (qualité des fleurs ou des fruits, par exemple) tout en bénéficiant de la vigueur de l'autre. Le greffage s'avère particulièrement intéressant dans le cas de plantes telles que les rosiers modernes; résultant de nombreuses hybridations artificielles, ils ne peuvent se reproduire fidèlement par semis. Une fois l'hybride souhaité obtenu, il importe donc de le reproduire par greffage, ce qui permet de le fixer définitivement. La réussite du greffage dépend du degré d'affinité des plantes greffées qu'on appelle le greffon et le porte-greffe, du niveau de végétation des sujets, de l'habileté du jardinier ou de la jardinière et du soin apporté à la plante après le greffage.

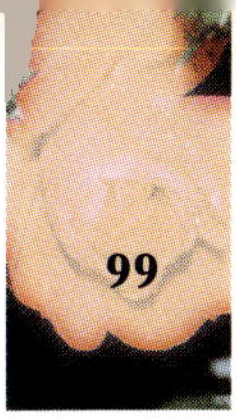

La multiplication in vitro

Elle s'effectue en laboratoire à partir de bourgeons ou d'extrémités de bourgeons (méristèmes), placés dans des éprouvettes, puis dans des bocaux. À moins d'être particulièrement bien équipé, abandonnez l'idée de vous lancer dans ce mode de reproduction qui demande des conditions d'hygiène très strictes. Ce mode de reproduction permet d'obtenir des milliers d'exemplaires identiques au plant mère sélectionné. Évidemment, ces rosiers *in vitro* vivent sur leurs propres racines; ils sont de plus en plus disponibles sur le marché horticole à des prix concurrentiels.

Bibliographie

AUSTIN, David. *Découvrir les rosiers grimpants et buissonnants*, La Maison Rustique, 1994.

BARRAU, Jacques, Philippe BONDUEL et André ÈVE. *L'ABCdaire des roses*, Flammarion, 1996.

BECKER, Monika. *Roses sauvages*, Paris, éditions Images, 1992.

BOISSET, Caroline. *L'art d'aménager un jardin, plans, ornements et plantes*, La Maison Rustique, 1994.

BRISSON, Jean-Denis, Mario FRÉCHETTE, Bernard DROUIN et Lina BRETON. *Les insectes prédateurs: des alliés dans nos jardins, comment mieux les reconnaître pour mieux les protéger*, éditions Versicolores inc., 1992.

BROCHARD, Daniel. *Roses, 100 roses pour répondre à vos besoins*, éditions Hachette, collection Hachette Jardinage.

COOGIATTI, Stelvio. *Les roses*, éditions Solar, Guide vert, 1987.

CORNUZ, L. et W. FRIEDRICHS. *Belles roses... beaux jardins... manuel de la culture des rosiers au jardin*, Delachaux et Niestlé, 1965.

CROCKETT, James Underwood. *Les roses,* éditions Time Life, 1977.

Fichier de la Roseraie du Témiscouata, *Notes de culture*, 430 fiches de rosiers, 1995 à 1998.

Fleurs, Plantes et Jardins, Les rosiers, éditions Versicolores inc, 1996.

FORTIN, Daniel. *Roses et rosiers pour le Québec et l'est du Canada*, éditions du Trécarré, 1991.

FRÈRE MARIE-VICTORIN. *Flore laurentienne*, Montréal, Les Presses de l'Université de Montréal, octobre 1995.

FURLANI PEDOJA, A. *Les roses, guide complet de la culture de toutes les variétés*, Paris, éditions de Vecchi S.A., Paris, 1997.

GAGNON, Yves. *Le jardinage écologique*, éditions Colloïdales, 1993.

GUAULT, S. Millar. *Les roses, Vie pratique/Jardinage*, éditions CIL, 1981.

LABERGE, Claire et Daniel FORTIN. *Guide de la roseraie du Jardin botanique de Montréal*, éditions du Trécarré, 1994.

MIOULANE, Patrick. *Les roses anciennes*, Super guide Mon Jardin Ma maison, novembre 1991.

MOODY, Mary. *The Illustrated Encyclopedia of Roses*, éditions Headline, 1993.

OSBORNE, Robert. *Roses for Canadian Gardens*, Key Porter Books, 1991.

PHILLIPS, Roger et Martyn RIX. *Histoire des roses*, La Maison Rustique, 1994.

PHILLIPS, Roger et Martyn RIX. *Les roses*, éditions Solar, 1988.

POULIOT, Paul. *Arbres, haies et arbustes,* Montréal, éditions de l'Homme, 1976.

PRONOVOST, René. *J'aime les rosiers*, Montréal, éditions de l'Homme, collection Pouce vert, 1987.

RODALE'S *all-new encyclopedia of organic gardening*, Rodale Press, 1992.

TAYLOR, Patrick. *Guide des 200 meilleures roses de jardin*, éditions Eugen Ulmer, 1995.

TESTU, Charlotte. *Les roses anciennes*, Flammarion, La Maison Rustique, 1984.

VAESKEN, Bruno. *Rosiers anciens et nouvelles roses*, Rustica spécial jardin d'ornement, éditions Dargaud, 1985.

VERRIER, Suzanne. *Rosa Rugosa,* Capability's Books inc., 1991.

WHEATCROFT, Harry. *Cultivez vos roses*, éditions Elsevier Sequoia, 1979.

Agriculture et Agroalimentaire Canada. *Rosiers rustiques, Séries Explorateur et Parkland,* Publication 1922/F, 1996.

BEAUDOIN, Marie-Fleurette. *Rusticité: enfin des réponses!, Fleurs, Plantes et Jardins*, éditions Versicolores inc., 1996, vol. 7, n° 6, p. 24 à 29.

GIGUÈRE, René. *La préparation du jardin pour l'hiver*, Quatre-Temps, bulletin de la Société d'animation du Jardin et de l'Institut botanique de Montréal, vol. 21, n° 3, p. 33 à 36.

GOBEIL, Lise. *Septembre... c'est la rentrée*, Quatre-Temps, bulletin de la Société d'animation du Jardin et de l'Institut botanique de Montréal, vol. 19, n° 3, p. 51-52.

LABERGE, Claire. *50 secrets pour réussir les rosiers,* Fleurs, Plantes et Jardins, éditions Versicolores inc., 1997, vol 8, n° 4, p. 40 à 46.

LABERGE, Claire. *Les rosiers grimpants, la culture*, Québec Vert, éditions Versicolores inc., 1996, p. 14 à 18.

LABERGE, Claire. *Les rosiers grimpants, les anciens et les modernes*, Québec Vert, éditions Versicolores inc., 1996, p. 6 à 9.

Ministère de l'environnement, direction du milieu agricole et du contrôle des pesticides, Ministère de la santé et des services sociaux, direction de la santé publique. *Les pesticides à la maison, le moins possible*, 1993.

RICHER, Claude, Jacques-André RIOUX et Jacques CÔTÉ. *Rusticité et croissance de plantes ligneuses ornementales au Québec*, résultats et recommandations du REPLOQ, tomes I et II, Conseil des productions végétales du Québec inc. (CPVQ), 1995 et 1997.

ZAFRANY, Jacques. *Les rosiers et leur culture*, Quatre-Temps, bulletin de la Société d'animation du Jardin et de l'Institut botanique de Montréal, vol. 11, n° 4, p. 2 à 10.

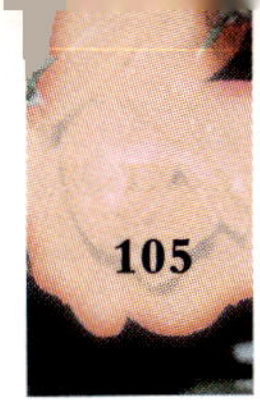

Annexe I

Liste de *rosiers*

- On cultive tous les rosiers mentionnés dans ces listes avec succès à la Roseraie du Témiscouata, située en zone 3. Les points de greffe de tous ces rosiers se trouvent à 10 cm de profondeur.
- Ces courtes listes ne représentent qu'un échantillonnage des quelques 300 espèces, variétés et cultivars qui composent la roseraie.
- La majorité ne demandent aucune protection hivernale. Quelques variétés, de zones supérieures, doivent être buttées les deux premiers hivers. Certains rosiers grimpants sont rustiques, tandis que les autres doivent être protégés par des toiles chaque année.
- Les rosiers nécessitant un buttage ou une protection sont identifiés par les lettres (b) et (p):

  (b) – buttés les deux premiers hivers

  (p) – protégés par des toiles chaque année
- Les autres rosiers sont rustiques.

Pour plus de détails concernant chaque rosier, consultez l'annexe IV.

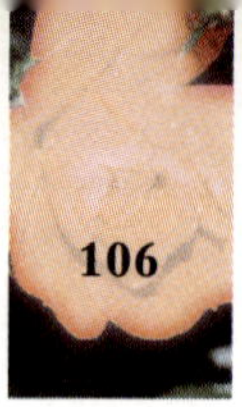

Rosiers couvre-sols

- Immensee (b)
- R. x paulii
- R. x paulii Rosea
- Alba Meidiland (b)
- Sea Foam (b)
- The Fairy (b)

Rosiers pour la mi-ombre

- Blanc Double de Coubert
- Fimbriata
- Frühlingsgold
- Fru Dagmar Hastrup
- Great Maiden's Blush
- R. spinosissima

Rosiers au feuillage décoratif

(ils fleurissent aussi...)

- R. glauca
- Alba Maxima
- R. spinosissima Altaïca
- R. x harisonii
- Robusta
- Fru Dagmar Hastrup

Rosiers pour des haies hautes

- R. rugosa Alba
- R. rugosa Rubra
- Thérèse Bugnet
- Martin Frobisher
- Hansa
- Pink surprise

Rosiers très parfumés

- Chapeau de Napoléon
- Rose des Quatre Saisons
- Agnès
- Sweet Juliet (b)
- William Lobb
- Belle Amour

Rosiers pour les fruits décoratifs

- Alpina Pendulina
- Monte Rosa
- R. spinosissima
- Frühlingsmorgen
- Delicata
- Autumn Fire (b)

Rosiers pour des haies basses

- Pierrette Pavement
- Henry Hudson
- Snow Pavement
- F.J. Grootendorst
- Charles Albanel
- David Thompson

Rosiers pour jardin sauvage ou sujet isolé

- Nevada
- R. glauca
- Pink Surprise
- Frühlingsduft
- Marguerite Hilling
- R. fœtida Bicolor

Rosiers grimpants

- Henry Kelsey
- John Davis
- Polstjärnan
- William Baffin
- New Dawn (p)
- Leverkusen (p)

Annexe II

Les roses pour se soigner et se *régaler*

La rose a toujours tenu une grande place tant dans la thérapeutique que dans l'horticulture, la parfumerie, la vie sociale, la pharmacie et la cuisine.

Les pétales parfumés des roses entrent dans plusieurs préparations: gelée, confiture, vin, vinaigre, liqueur, confiserie, beurre, desserts de toutes sortes. Les feuilles et les pétales donnent un thé doux. Les fruits ont un goût fade, mais ils renferment un peu de vitamine A, de la riboflavine, de l'acide nicotinique et dix fois plus de vitamine C que l'orange; leur pulpe sèche se combine bien avec celle des pommes et des prunes et leur saveur se révèle dans le vin qu'on en fait. Contenant du tanin, les pétales de rose servent d'astringent; on les utilise en infusion pour soigner les diarrhées, en gargarisme pour soulager les maux de gorge, en application pour resserrer les pores de la peau.

Récolte

Sélectionner des fleurs très parfumées et les récolter toujours en plein épanouissement, de préférence le matin d'une journée ensoleillée après l'évaporation de la rosée; l'arôme atteint alors son maximum. Apprêter la récolte le plus vite possible à l'abri du soleil et de la chaleur, car les parfums sont volatils.

Quant aux fruits qu'on appelle cynorhodons, ils se récoltent au temps des premières gelées et se conservent aussi bien séchés que congelés.

Fumigation ou inhalation de pétales de roses

Placer une poignée ou deux de pétales de roses dans un large bol, verser de l'eau bouillante, ajouter quelques gouttes d'huile essentielle de rose*. Inhaler les vapeurs en se couvrant la tête d'une serviette. Au bout de dix minutes, asperger le visage d'eau de rose distillée.

Infusion de cynorhodons

1 c. à thé de cynorhodons séchés
1 t. d'eau bouillante

Placer les fruits dans une théière et verser l'eau bouillante. Laisser infuser durant 5 minutes. Filtrer. Ajouter du miel ou du sucre si désiré.

Gelée de roses sauvages

125 ml de pétales de rose, frais
250 ml d'eau bouillante
625 ml de sucre
170 ml de pectine liquide
le jus d'un citron, filtré

- Déposer les pétales de rose dans une terrine et verser l'eau bouillante. Laisser reposer 10 à 15 minutes. Filtrer dans une passoire à mailles très fines; si nécessaire, ajouter de l'eau bouillante pour obtenir 250 ml d'extrait.
- Verser l'extrait dans une casserole et ajouter le sucre et le jus de citron. Amener à ébullition en brassant constamment. Ajouter la pectine et ramener à ébullition. Laisser bouillir à gros bouillons durant une minute.

---

* L'huile essentielle de rose et l'eau de rose distillée:
On les trouve en pharmacie et dans les magasins d'aliments naturels. L'eau de rose convient pour la préparation des aliments.

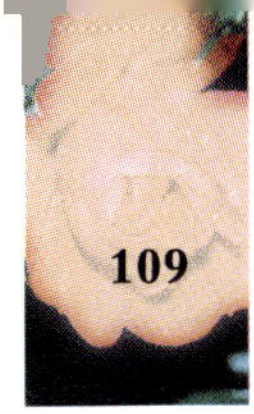

- Verser dans des pots préalablement stérilisés au four à 110 °C durant 15 minutes. Couvrir les pots d'un linge propre et laisser reposer durant 2 heures.
- À l'aide d'un couteau, introduire dans chacun des pots quelques pétales frais pour décorer. Sceller à la paraffine, étiqueter et conserver au frais. On peut aussi, au lieu de sceller à la paraffine, conserver les pots au réfrigérateur.

Annexe III

Préparations simples et écologiques pour la culture et l'entretien des *rosiers*

Les purins de plantes

Définition

Ce sont des macérations de végétaux fermentés. Riches en azote(N), phosphore (P) et potassium (K) sous une forme facilement assimilable par les plantes, ils servent également d'insecticide ou de fongicide préventifs.

Technique de fabrication

Remplir à moitié un baril avec une ou des plantes. Ne pas trop les tasser. Remplir complètement le baril d'eau. Laisser macérer une dizaine de jours en brassant quotidiennement. Une fois bien «odorant», le purin est prêt à être filtré et utilisé.

Purin fertilisant

Pour stimuler la croissance des rosiers ou pour résoudre un problème de carence en azote, phosphore ou potassium, on utilisera seules ou en mélange les plantes suivantes pour fabriquer le purin:

- l'ortie, la consoude, la luzerne, la fougère qui contiennent une bonne quantité d'azote et de potassium et, le pissenlit, la verge d'or, la moutarde, la vergerette annuelle, riches en phosphore.

Nous pouvons appliquer les purins fertilisants deux à trois fois pendant la saison, en remplacement des engrais commerciaux.

Dilution: une partie de purin fertilisant pour 3 parties d'eau d'arrosage. Il est important de bien humidifier le sol avant l'arrosage au purin.

Purin insecticide

Le purin de fleurs de tanaisie, filtré, est efficace en vaporisation contre les pucerons.

Inutile de le diluer.

Purin fongicide

Pour prévenir l'apparition des champignons de la tache noire et du blanc, on vaporisera un purin de prêle des champs, filtré.

Dilution: une partie de purin pour 10 parties d'eau.

Les décoctions de plantes

Leur préparation prend moins de temps que celle des purins. On utilise entre autres les feuilles de tabac, de rhubarbe et nicotiana, ainsi que les fleurs de tanaisie.

Technique de fabrication

Remplir à moitié un chaudron avec les plantes et remplir le chaudron d'eau. Faire bouillir durant une demi-heure. Laisser macérer jusqu'à ce que la décoction devienne tiède. Filtrer et vaporiser. Inutile de diluer.

Insecticide à l'ail

Faire macérer 20 g d'ail haché dans 20 ml d'huile végétale pendant 24 heures.

Ajouter à cette huile un litre d'eau et 10 ml de savon biodégradable ou de savon à vaisselle doux.

Mélanger et filtrer.

Dilution: une partie de ce concentré pour 4 parties d'eau.

À utiliser en vaporisation contre les pucerons.

Pour un insecticide encore plus fort, on remplace le litre d'eau par cette décoction:

faire bouillir 5 piments forts dans 2 litres d'eau. Réduire de moitié.

Fongicide à base de bicarbonate de soude

À titre de prévention contre la tache noire ou le blanc, on peut vaporiser chaque semaine avec la solution suivante: 1 c. à soupe de bicarbonate de soude (soda à pâte, petite vache) dans un litre d'eau auquel on a ajouté quelques gouttes de savon biodégradable ou de savon à vaisselle doux.

Ce ne sont là que quelques recettes peu coûteuses qui protègent notre environnement en diminuant l'utilisation des pesticides chimiques. Vous en connaissez peut-être d'autres tout aussi efficaces, alors pourquoi ne pas vous en servir? Il existe également dans le commerce, il faut le dire, des préparations respectant l'environnement comme les savons insecticides à base de plantes ou les préparations fongiques à base de soufre ou de cuivre. Bien suivre les recommandations inscrites sur les étiquettes.

Annexe IV

Descriptions de rosiers

Agnès

Hybride de Rugosa, obtenu au Canada en 1922 par W. Saunders. Agnès peut atteindre 2 m. D'un beau jaune ambré pâle, il passe par des tons d'abricot et de rose pour devenir blanc à maturité. Très florifère, il possède un port élégant et des tiges très épineuses. Ses fleurs au parfum capiteux apparaissent au début de l'été pour revenir légèrement en fin de saison. Zone 3.

Alba Meidiland

Introduit en France en 1980 par Meilland. Ce rosier couvre-sol de la série des Meidiland offre une floraison abondante et continuelle. De longues tiges arquées pouvant atteindre 1,2 à 1,5 m de longueur portent de petites fleurs blanc pur, en grappes et de petites feuilles vert foncé et luisantes, cernées de pourpre. Zones 4 et 5.

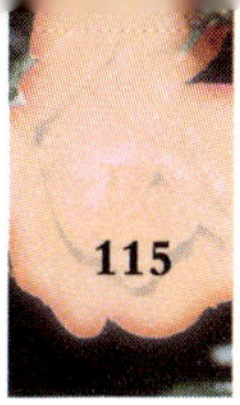

Autumn Fire

Obtenu en 1961 par Kordes en Allemagne. Cet arbuste remontant de 1,8 m porte de grandes fleurs écarlates, nuancées de rouge foncé. Il tolère un peu d'ombre, des sols pauvres et on peut le planter en haie. Même si on le rabat au sol au printemps, il atteindra sa hauteur pendant la saison et fleurira jusqu'aux gels. Zones 4 et 5.

Alpina Pendulina

Originaire du centre et du sud de l'Europe, des Pyrénées au Caucase. Arbuste drageonnant, généralement non épineux, il peut atteindre 2 m de haut. Ses fleurs simples légèrement parfumées, petites et solitaires, d'un beau rose foncé avec un centre blanc, mesurent de 3,5 à 5,5 cm de diamètre. Les fruits rouge foncé, en forme de poire, couvrent le rosier tard à l'automne. Zone 3.

Belle Amour

Les origines de ce rosier ancien du groupe des Alba demeurent obscures. Cet arbuste de 1,5 à 1,8 m de haut ne fleurit qu'une seule fois mais sur une assez longue période. Il arbore un feuillage gris-vert et des fleurs doubles, en quartiers, de couleur rose dont le parfum épicé rappelle celui de l'anis. Les tiges portent des épines bien distinctes. Zone 4.

Blanc Double De Coubert

Obtenu par Cochet-Cochet en France en 1892. Rosier rugueux très robuste dont le feuillage vert foncé adopte une belle couleur jaune à l'automne. Il mesure 1,5 à 1,8 m x 1,2 à 1,5 m d'envergure et fleurit à la fin de juin et au début de septembre. Ses grosses fleurs doubles très parfumées, d'un blanc pur peuvent atteindre 9 cm de diamètre. Blanc Double de Coubert tolère un peu d'ombre et des sols sableux. Zone 2.

Charles Albanel

Obtenu par Svejda et homologué en 1982, ce rosier appartient à la série canadienne Explorateur. D'environ 1m x 1m d'envergure, ce couvre-sol très rustique fleurit continuellement. Il porte le feuillage typique des Rugosa et ses fleurs semi-doubles, parfumées se colorent d'un rouge violacé très plaisant. Zone 2.

Chapeau de Napoléon

Rosier Mousseux, introduit en 1820. Le calice de sa fleur ressemble au tricorne de Napoléon, d'où son appellation. Il atteint 1,5 m x 1,2 m et possède des fleurs doubles, d'environ 8 cm de diamètre, de forme superbe et d'une riche couleur rose foncé avec du rose argenté sur la partie inférieure des pétales. De ses fleurs émane un excellent parfum, chaud et pénétrant. Cet arbuste produit une seule floraison en été. Il pousse de manière assez lâche et exige un support à cause de ses grandes et lourdes fleurs. Zone 4.

David Thompson

Obtenu par Svejda et homologué en 1979, ce rosier à floraison continuelle fait partie de la série Explorateur. Il produit des fleurs parfumées de couleur rose foncé tirant sur le violet. Il forme un buisson compact d'une hauteur et d'une largeur d'environ 1,2 m. Zones 2 et 3.

Delicata

Hybride de Rugosa introduit par Cooling en 1898. Il atteint 1,2 à 1,5 m de haut. Ses belles fleurs rose pâle, au parfum agréable et prononcé, constituent son principal attrait. La floraison s'étend du milieu de l'été au début de l'automne. Zone 3.

F.J. Grootendorst

Hybride de Rugosa obtenu en Hollande par de Goey en 1918. Ce buisson vigoureux et épineux porte des fleurs inodores tout l'été et l'automne. Ces dernières, de 3 à 5 cm de diamètre, doubles, ressemblent à des oeillets et possèdent une belle couleur rouge cerise. F.J. Grootendorst peut atteindre 1,5 m x 1,2 m et tolère un peu d'ombre. Zone 4.

Fru Dagmar Hastrup

Hybride de Rugosa obtenu par le Danois Hastrup en 1914. D'une envergure de 1,2 m x 1,2 m, il offre jusqu'à la fin de l'été des fleurs simples, rose clair, au parfum agréable et délicat. On peut l'utiliser pour faire des haies ou le conduire en couvre-sol en le rabattant à 0,5 m. Il tolère des conditions extrêmes et un peu d'ombre. Zone 2.

Frühlingsmorgen

Obtenu au milieu du siècle par Kordes en Allemagne. Frühlingsmorgen ou Spring Morning est l'un des premiers rosiers à fleurir au printemps. D'une envergure de 1,8 m x 1,5 m, cet arbuste produit de grandes fleurs simples très parfumées, blanc ivoire, teinté de rose. Il refleurit légèrement à l'automne, tolère les sols pauvres et un peu d'ombre. Zones 4 et 5.

Frühlingsduft

Créé en Allemagne en 1949, ce rosier au port érigé tolère les sols pauvres et un peu d'ombre. Il peut atteindre 3 m x 1,8 m d'envergure. Il produit de grandes fleurs doubles, blanc ivoire et jaune or, parfois teintées de rose pâle, au parfum agréable. Frühlingsduft fleurit seulement l'été. Zones 4 et 5.

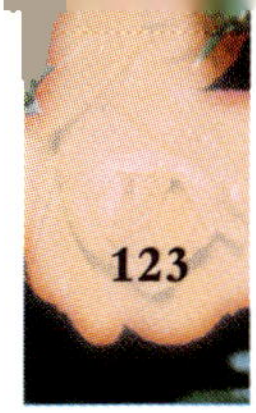

Frühlingsgold

Obtenu par Kordes en Allemagne, en 1937. D'une envergure de 2 m x 1,8 m, Frühlingsgold ou Spring Gold se plaît dans tous les types de sol. Il fleurit abondamment au printemps. Ses fleurs jaune crème, simples, très grandes, au parfum agréable blanchissent en vieillissant. Zones 4 et 5.

Fimbriata

Hybride de Rugosa, obtenu par Morlet en France en 1891. Les fleurs blanches teintées de rose, au parfum agréable, ressemblent étonnamment à des oeillets. Ce rosier à floraison remontante forme un buisson dense et très droit de 1,5 m x 1,2 m d'envergure. Il tolère un peu d'ombre et prospère dans différents types de sol. Zones 4 et 5.

Great Maiden's Blush

Connu depuis le XVe siècle, ce rosier Alba porte aussi les noms de Cuisse de Nymphe, La Séduisante, La Virginale, La Royale. Il fleurit pendant une très longue période au début de l'été. Les fleurs d'un adorable rose carné possèdent un parfum suave, doux et épicé; très doubles, elles peuvent porter jusqu'à 100 pétales. Le buisson atteint 2 m x 1,5 m d'envergure et peut se cultiver dans les sols pauvres et à la mi-ombre. Zone 4.

Hansa

Hybride de Rugosa, obtenu par Schaum et Van Tol en 1905. Hansa peut atteindre 2,1 m de haut avec un port étalé. Sa floraison très abondante et remontante exhale un agréable parfum. Ce rosier se couvre de fleurs doubles, violet rougeâtre, de 7,5 à 9 cm de diamètre et il produit à profusion de gros fruits rouge orangé, charnus, riches en vitamine C, idéals pour faire des tisanes et des confitures. Zone 3.

Henry Hudson

Ce rosier de la série Explorateur, obtenu par Svejda en 1976, fleurit de la fin de juin à la fin de septembre. Hybride de Rugosa d'environ 1 m x 1 m d'envergure, il produit des fleurs doubles d'un blanc nuancé de rose rappelant la couleur du pommier et son parfum, celui du clou de girofle. Zone 2.

Henry Kelsey

De la série Explorateur, obtenu par Svejda au Canada en 1984, ce rosier grimpant fleurit abondamment durant tout l'été. Il peut atteindre 2,5 m de haut. Les fleurs semi-doubles d'un rouge lumineux exhalent un léger parfum épicé. On peut également le cultiver comme arbuste au port arqué. Zone 3.

Immensee

Introduit en Allemagne par Kordes en 1982. Rosier rampant à floraison abondante, il peut atteindre 3 m de largeur par seulement 0,5 m de hauteur. Il porte un petit feuillage vert clair et luisant et de petites fleurs simples de 3 à 4 cm de diamètre, blanches, teintées de rose, agréablement parfumées. Zones 4 et 5.

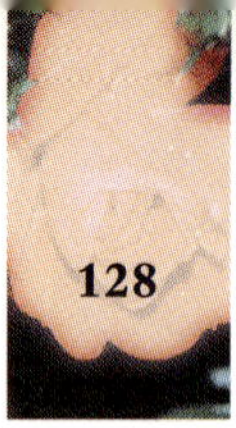

John Davis

De la série Explorateur, obtenu par Svejda et homologué en 1986. Ce rosier grimpant à floraison continuelle et très abondante peut atteindre de 2 à 2,5 m de haut. Il porte des fleurs au parfum épicé, d'un rose moyen, de 8 à 9 cm de diamètre, dont la forme en quartiers s'apparente à celle des roses anciennes. Zone 3.

Leverkusen

Obtenu en Allemagne par Kordes en 1954. Rosier grimpant à floraison remontante, il peut atteindre 3 m. Ses fleurs au parfum modéré, semi-doubles, jaune citron, deviennent jaune crème en vieillissant. Il tolère l'ombre et les sols pauvres. Zone 5.

Marguerite Hilling

Créé en Angleterre par Hilling en 1959. D'une envergure pouvant atteindre 2 m x 2 m, ce rosier à floraison remontante porte des fleurs simples de 10 cm de diamètre, au parfum agréable. Elles se teintent d'un très beau rose nacré, virant au blanc vers le centre. Zone 5.

Martin Frobisher

Rosier canadien et premier de la série Explorateur, homologué en 1968. Rosier vigoureux, bien équilibré dont l'écorce brun rougeâtre offre un beau contraste avec le feuillage résistant vert pâle, il peut atteindre 1,5 à 1,8 m x 1,5 m d'envergure. Il offre des fleurs rose pâle, très parfumées qui se renouvellent abondamment pendant tout l'été. Zone 2.

Monte Rosa

Hybride de Rugosa, obtenu par Baum en Allemagne dans les années 80. Ce rosier au port érigé mesure de 1,2 à 1,5 m et produit abondamment tout l'été de grosses fleurs roses, semi-doubles, très parfumées. Zone 3.

Nevada

Obtenu par le rosiériste espagnol Pedro Dot en 1927. Sa floraison hâtive offre tout un spectacle: un manteau de pétales recouvre le feuillage et les tiges. D'une envergure de 2 m x 2 m, il produit de très grandes fleurs simples, d'un blanc qui passe à un rose très léger en vieillissant. Après la première floraison généreuse du début de l'été, des fleurs peuvent apparaître de façon intermittente tout au long de la saison. Zone 5.

New Dawn

Introduit en 1930 aux États-Unis par Dreer Somerset. Ce grimpant à floraison remontante peut atteindre jusqu'à 6 m. Ses fleurs de taille moyenne, semi-doubles, parfumées, se colorent d'un rose nacré qui tend à pâlir en vieillissant. Zone 5.

Pierrette Pavement

Développé par Uhl en Allemagne en 1987. Pierrette Pavement a gagné l'European Fragrance Award pour l'intensité de son parfum. Hybride de Rugosa à floraison continuelle, ce rosier de petite dimension, environ 0,6 m x 1 m, possède des fleurs semi-doubles d'une belle couleur rose foncé. On peut l'utiliser comme couvre-sol. Zone 2.

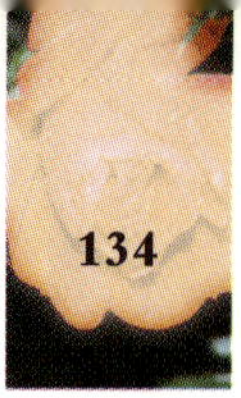

Pink Surprise

Ce cultivar canadien datant de 1975 a été écarté du programme de recherche sur l'hybridation des rosiers par Agriculture Canada. Mais Robert Osborne a pu en obtenir deux boutures et la permission de multiplier ce rosier avant qu'on détruise les plants mères. Rosier vigoureux aux fleurs parfumées, d'un rose lumineux, il peut atteindre 2 m. Idéal pour une haie. Zone 3.

Poltsjärnan

Obtenu en Finlande en 1937. Rosier au feuillage délicat, il porte au début de l'été des fleurs blanches, finement ciselées. Sa croissance vigoureuse lui permet d'atteindre 5 m à maturité. Zone 2.

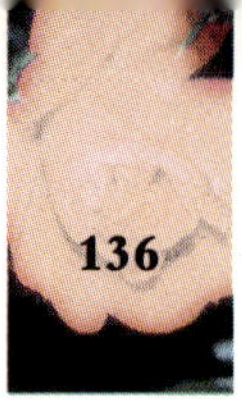

R. X. Alba (Maxima)

Originaire d'Europe et antérieur au XVe siècle, aussi connu sous le nom de Rose des Jacobites. Ce vigoureux rosier plein de santé avec ses fleurs exceptionnelles et son superbe feuillage représente un des meilleurs rosiers arbustifs anciens. Son unique floraison dure plusieurs semaines et ses fleurs crème avec une légère pointe de rose diffusent un doux parfum épicé. Avec son port bien droit, Alba Maxima peut atteindre 2 m. Zone 4.

R. Fœtida (Bicolor)

Dès le XVIe siècle, on mentionne la culture de ce rosier sauvage aux fleurs bicolores. En Angleterre on l'appelle Austrian Copper; il porte aussi le nom de Rose du Capucin. Ses longs rameaux flexibles au feuillage agréablement parfumé peuvent atteindre 2 m. Ils portent de très nombreuses fleurs simples, orange cuivré et jaunes, au parfum particulier qui peut déplaire à certains. Ce rosier ne fleurit qu'une seule fois mais abondamment. Zone 5.

R. Glauca

Originaire des forêts montagneuses de l'Europe centrale et méridionale et connu depuis le début du XIXe siècle, on le nomme aussi R. rubrifolia. Ce rosier très vigoureux, à port érigé, aux feuilles délicates d'un magnifique gris nuancé de rouge, peut atteindre 2 m. À l'automne, des fruits écarlates succèdent aux fleurs simples d'un rose soutenu à centre blanc et aux étamines proéminentes. Zone 2.

R. X Harisonii

Créé en 1830 à New York à l'instigation du chercheur George Harison. On le nomme aussi Harison's Yellow. Il forme un buisson de 1,8 m au feuillage élégant, vert sombre à reflets gris. Des fruits presque noirs succèdent aux fleurs semi-doubles, jaunes et luisantes de 5 cm de diamètre. On chante cette rose partout célèbre sous le nom de Rose jaune du Texas. Zone 4.

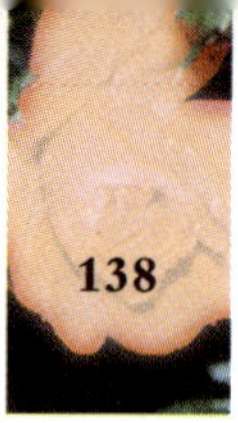

R. X Paulii

Hybride de Rugosa obtenu au début du siècle par Paul en Angleterre. Ce rosier forme un buisson étalé de 1,2 m de hauteur et dont la largeur peut atteindre le double ou le triple de sa hauteur. La pousse est très dense avec une profusion de tiges épineuses. Les fleurs blanches, simples, semblables aux fleurs des clématites apparaissent en été seulement où elles exhalent un parfum de clou de girofle. Zone 2.

R. X Paulii Rosea

Hybride de Rugosa, obtenu au début du siècle par Paul en Angleterre. Ce rosier à floraison non remontante forme un dôme de tiges prostrées, munies d'aiguillons acérés, pouvant atteindre 3 m de longueur. Ses fleurs rose pâle à centre blanc sentent le clou de girofle. On peut l'utiliser comme couvre-sol ou grimpant. Zone 2.

R. Rugosa Alba

Ce rosier rugueux à floraison remontante peut atteindre 2 m. Arbuste vigoureux, drageonnant, aux tiges très épineuses, il porte des fleurs simples et parfumées, blanches avec des étamines dorées. À l'automne de gros fruits orangés très décoratifs apparaissent. Idéal pour former des haies infranchissables ou pour garnir des talus. Zone 2.

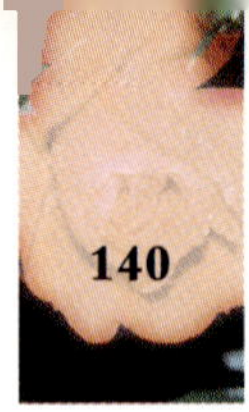

R. Rugosa Rubra

Introduit en Angleterre vers 1796, ce rosier de 2 m x 2 m porte des fleurs simples, rose foncé nuancé de pourpre avec des étamines jaunes. Très drageonnant et à floraison remontante, cet arbuste tolère un peu d'ombre et s'accommode de tous les sols. Zone 2.

R. Spinosissima

Ce rosier aux tiges très épineuses figure parmi les plus beaux rosiers sauvages d'Europe. Il pousse dans les endroits sablonneux, le plus souvent près des rivages. Il mesure environ 1 m et porte au début de l'été de petites fleurs simples et parfumées, généralement crème mais parfois roses. D'étonnants fruits noirs apparaissent à la fin de l'été. Zones 3 et 4.

R. Spinosissima Altaïca

Un des premiers rosiers à fleurir au printemps, il mesure environ 1,5 m. Il porte sur des tiges épineuses des fleurs simples, odorantes, généralement de couleur crème, de 6 cm de diamètre. Des fruits noirs apparaissent à l'automne. Zone 2.

Rose De Quatre Saisons

Rosier très ancien, il appartient au groupe des Damas, sans doute originaire du Moyen-Orient. Fait rare chez les rosiers anciens, il étale une floraison remontante. Il porte des fleurs roses doubles, assez lâches, agréablement parfumées, de 8 cm de diamètre, supportées par un buisson droit et vigoureux, d'environ 1 m. Zone 4.

Robusta

Créé en 1979 par Kordes en Allemagne. Cet hybride de Rugosa à floraison continuelle forme un large buisson à port érigé qui peut atteindre 1,5 m. Les fleurs légèrement parfumées, simples, d'un rouge orangé luminescent, mesurent environ 10 cm de diamètre. Zone 4.

Sea Foam

Introduit par Schwarz en 1964 aux États-Unis. Ce rosier couvre-sol mesure environ 1 m x 1,8 m d'envergure. Arbuste à port rampant, il possède de longues tiges d'abord érigées, s'étalant sur le sol sous le poids des nombreuses fleurs. Elles se renouvellent pendant toute la saison. Ces fleurs doubles, légèrement parfumées, blanc crème avec un centre rosé, ressemblent à des pompons. Zones 4 et 5.

Snow Pavement

Obtenu en Allemagne par Baum dans les années 80. Hybride de Rugosa de la série Pavement, il peut supporter les pires conditions. Ce rosier très résistant, à floraison remontante et très parfumée, produit des fleurs semi-doubles blanches, teintées de rose comme celles de certains pommiers. Ses dimensions: 0,6 m x 1 m. Zone 2.

Sweet Juliet

Créé en 1989 en Angleterre par David Austin. Sweet Juliet possède d'attrayantes fleurs agréablement parfumées, en forme de rosettes, d'une belle couleur abricot. De croissance vigoureuse, avec de nombreuses pousses à sa base, il peut atteindre un mètre. Zones 4 et 5.

The Fairy

Commercialisé en 1932 en Angleterre par J.A. Bentall. De 0,6 m de hauteur, à végétation élancée et au petit feuillage vert intense très brillant, ce rosier fleurit de la fin du printemps à la fin de l'été. En forme de rosettes aplaties, les fleurs doubles et parfumées se groupent en masses sur des inflorescences très nombreuses; la coloration rose pâle des pétales s'affadit aux fortes chaleurs. Zone 4.

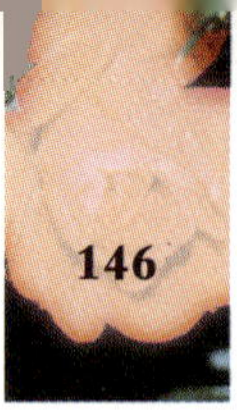

Thérèse Bugnet

Hybride de Rugosa obtenu au Canada par Bugnet en 1950. Ce grand rosier au port étalé, aux tiges rougeâtres peu épineuses, peut atteindre 2 m et fleurit abondamment au début de l'été, sporadiquement par la suite. Les fleurs doubles, semblables aux roses anciennes, rose pâle, de 7 à 8 cm de diamètre, dégagent un bon parfum. Zone 2.

William Baffin

Rosier canadien de la série Explorateur, obtenu par Svejda en 1983. William Baffin croule sous les fleurs au printemps. À floraison remontante, il porte des grappes de fleurs légèrement parfumées, rose framboise. On peut le conduire en grimpant qui atteindra jusqu'à 3 m. Zone 2.

William Lobb

Hybride Mousseux créé en France par Laffay en 1855.Véritable aristocrate par la couleur de ses fleurs, sa forme très droite et son étonnant feuillage à texture de cuir, il forme un arbuste de 2 m aux fleurs mauve foncé d'une saisissante beauté. Sa floraison estivale offre une senteur entêtante par les généreux bouquets étalés sur de hautes tiges. Zone 5.

Vues d'ensemble de la roseraie du Témiscouata